Christiane Flock

Sagen und Legenden vom Rhein

Impressum

Christiane Flock
Sagen und Legenden vom Rhein

6. Auflage 2024

Regionalia Verlag,
ein Imprint der Kraterleuchten GmbH,
Gartenstraße 3, 54550 Daun

Titelbild (Rheinfall, Schaffhausen): iStock.com/Elenarts
Illustrationen: iStock.com/VeraPetruk
Gestaltung, Satz, Umschlag: Björn Pollmeyer

Hergestellt in der Europäischen Union, Finidr, CZ

FSC www.fsc.org MIX Papier aus verantwortungsvollen Quellen FSC® C014138

ISBN 978-3-95540-359-1
www.regionalia-verlag.de

Christiane Flock

Sagen & Legenden vom Rhein

REGIONALIA
VERLAG

Inhalt

~

Vorwort

Entlang des Rheins erzählte man sich in früheren Jahrhunderten unzählige Sagen. Insbesondere das von zahlreichen Burgen sowie mauer- und turmgeschützten mittelalterlichen Kleinstädten gesäumte Mittelrheintal mit seinen steilen, rebbedeckten Felshängen ist eine überregional bekannte Sagen-Region: Mündlich und schriftlich überlieferte Geschichten berichten von Kaisern, Königen, Prinzessinnen, Grafen, »Raubrittern« und Templern, von »edlen Recken« und »Burgfräulein«, von Spuk, Geistern, Kobolden, Nixen (Loreley), Hexen, Zwergen (Heinzelmännchen zu Köln), Riesen und Drachen, aber auch von hartherzigen Bischöfen (Mäuseturm), tapferen Soldaten und – das Rheinland ist »Weinland« – von wackeren Zechern. Wie überall in Europa erzählten sich Menschen Sagen, doch finden sich im Rheinland darüber hinaus zahlreiche Kunst-Märchen und -Sagen, die erst im 19. Jahrhundert von Literaten erdacht wurden, jedoch bald Eingang in den Sagenschatz des Rheinlandes fanden. Nicht wenige Sagen berichten von Burgen und ihren Bewohnern, so die Rolands-Sage und die Sage vom Drachenfels.

Der Rhein (alemannisch/schwyzerdütsch Rhy; lateinisch Rhenus) ist einer der wichtigsten europäischen Ströme. Der ca. 1.233 km lange Fluss entspringt in den Schweizer Alpen, im Kanton Graubünden. Er durchfließt bzw. berührt mehrere Staaten: Schweiz, Liechtenstein, Deutschland, Österreich, Frankreich und die Niederlande.

Dabei werden folgende Rheinabschnitte bzw. Regionen unterschieden: das Gebiet der Quellflüsse (mit Hinter- und Vorderrhein und dem Tomasee), Alpenrhein, Bodensee (bestehend aus Obersee, Seerhein und Untersee), Hochrhein, Oberrhein, Mittelrhein, Niederrhein und Rhein-Maas-Delta.

Über weite Strecken bilden Seerhein und Untersee die Staatsgrenze zwischen der Schweiz und Deutschland, ebenso wie der Hochrhein zwischen dem Ausfluss des Bodensees (Untersee) bei Stein am Rhein (CH) und Basel (CH). Das »Rheinknie« bei Basel markiert den Übergang zum Oberrhein, welcher die Grenze zwischen Deutschland und Frankreich bildet. Durch die Rheinbegradigung im 19. Jahrhundert und den Bau des Rheinseitenkanals für die Schifffahrt im 20. Jahrhundert hat sich das Landschaftsbild hier stark verändert. Nördlich des Mainzer Beckens am Binger Loch setzt der Mittelrhein an, der hier das Rheinische Schiefergebirge in einem Steiltal durchfließt, linksrheinisch von Soonwald, Hunsrück und Eifel, rechtsrheinisch von Taunus und

Westerwald flankiert. In Höhe der Stadt Bonn geht der Mittel- in den Niederrhein über, der hier ein vorgegebenes Flussbett zwischen Altarmen durchfließt. In Höhe der niederländisch-deutschen Grenze bezeichnet die Rheinteilung das Rhein-Maas-Delta, auch Rhein-Delta (Rijndelta) genannt.

Die Kulturdenkmäler am Hochrhein, vor allem die Burgen und Schlösser, Adelssitze und Wehrbauten an diesem Rheinabschnitt – über den Rheinfall bei Neuhausen hinaus –, rücken derzeit mehr ins Interesse der Touristiker und Touristen. Am Oberrhein, der optisch durch bedeutende große Industrieanlagen (unter anderem in Basel, Straßburg, Mannheim und Ludwigshafen, Mainz) geprägt ist, und mehr noch am Mittelrhein mit seiner schon längeren Tourismustradition, standen diese Bauten bereits länger im Blickpunkt. Das Mittelrheintal mit seinen vielen Spornburgen und Rebhängen hat den Begriff der Rheinromantik besonders geprägt. Mit dem Ansatz des Niederrheins beginnt dann ein durch Ballungsräume, Großstädte und Industrie geprägter Stromabschnitt. Der Rhein gehört heute zu den verkehrsreichsten Wasserstraßen der Welt; zudem verlaufen beiderseits des Stromes Eisenbahnlinien, deren Bau manche Ortsbilder stark beeinflusste. Schifffahrt und Eisenbahn stehen in Wechselwirkung mit bedeutenden Wirtschafts- und Industriegebieten. Trotz aller modernen Veränderungen wurde am 27.6.2002 das Obere Mittelrheintal zwischen Bingen und Koblenz in die Liste des Weltkulturerbes der UNESCO aufgenommen: Das Welterbegebiet ist 67 km lang und umfasst den Rheindurchbruch durch das Rheinische Schiefergebirge mit seinen Grauwacke- und Schieferfelsen. Dieser Abschnitt des Stromes weist eine außerordentlich große Zahl an Kulturdenkmälern auf, unter denen die mittelalterlichen Burgen – viele im 19. und frühen 20. Jahrhundert als »Neuschöpfungen« historisierend neuaufgebaut – und Kirchen besonders hervorzuheben sind.

Schon früh begann infolge der Romantik das Aufzeichnen und Sammeln rheinischer Sagen. Von den in der Bevölkerung überlieferten Volkssagen unterscheiden sich – gerade im Rheinland – die literarischen und historischen Sagen, die im Kontext der romantischen Rittergeschichten des späten 18. und 19. Jahrhunderts zu interpretieren sind, wie die Geschichte »Das Schloß im See«, die von einem tiefen See bei Andernach berichtet (Karl Geib: Sagen und Geschichten des Rheinlandes, 1836) und auf einem Gedicht von Friedrich Schlegel beruht. Bezeichnend für viele Rheinsagen ist der Bezug auf »die Ritterzeit« in Verbindung mit einem Liebesmotiv und Elementen der Schauerromantik; so gibt es kaum eine Burg im Mittelrheintal, an die nicht eine solche »Sage« geknüpft wurde (Klaus Graf).

~

»Die Rheinsage war [...] nicht nur ein Kind der Rheinromantik, sondern auch eine uneheliche Tochter der Ritterromane« (ebd.). Auf diese Weise wurde ein populäres, jedoch unrealistisches Mittelalterbild geschaffen, um dessen Widerlegung sich die Wissenschaft noch heute bemühen muss. Dies wird besonders deutlich am Bild der angeblichen »Raubritter«, deren »Raubschlösser« am Mittelrhein auf Grundlage des vom König bzw. Kaiser verfügten Landfriedens zerstört wurden. Letztlich ist aber dieses Bild vom »Raubritter« eine literarische Schöpfung der Ritterromane und Kunstsagen: »Damals blickte man mit Schauder auf die Zeiten des sogenannten Faustrechts zurück, als adelige Wüstlinge das Bürgertum schikanierten« (ebd.).

Wie wichtig letztlich Geschichte und Sagen für das Rheinland waren, zeigt unter anderen die Benennung moderner technischer Bauwerke, etwa von Brücken, nach Sagen: In Worms entstand 1897–1900 die Nibelungenbrücke. Mehrere Handlungsorte rheinischer Sagen zwischen Mainz und Düsseldorf, an Rhein, Mosel, Lahn und Nahe, erschließt heute die Ferienstraße »Der Rheinische Sagenweg«.

Christiane Flock, die aus der zum Mittelrheingebiet gehörigen Eifel stammende Autorin des hier vorgelegten Bandes *Sagen und Legenden vom Rhein* wählte aus der schier unübersehbaren Menge der Rheinsagen – Volkssagen und Kunstsagen – eine repräsentative Anzahl aus dem Raum zwischen der Schweiz und Kleve am Niederrhein aus, um sie in ihrer eigenen Sprache zeitgemäß neu zu erzählen. Sie steht damit – wie schon mit ihrem vorherigen Buch *Sagen und Legenden aus der Eifel* – in der Tradition unter anderem von August Antz, der 1961 sein Werk *Rheinlandsagen für Jugend und Volk. Neu erzählt von August Antz* veröffentlichte. Zudem reiht sie sich ein in die Tradition des Sagenerzählens, hat doch jede/r, der/die Sagen weitererzählte, eine eigene Sprache und Ausdrucksweise dafür gefunden, wenn auch der Inhalt blieb. So begleiten Sie, werte Leser und Leserinnen, Christiane Flock erneut auf eine Sagenreise, diesmal entlang des Rheins, und lassen Sie sich in die geheimnisvollen Phantasiewelten der Rheinsagen entführen ...

Dr. Michael Losse (Marburg im August 2012)

Wie der Rhein seinen Weg fand

Viele Menschen kennen den Rhein, diesen wunderschönen Strom, der sich seinen Weg durch Deutschland und die Ebenen der Niederlande hinab ins Meer sucht. Einige wissen auch, dass seine Quellen hoch oben im Schweizer Land unter zwölf Gletschern liegen. Doch welches Menschenkind weiß heute zu berichten, wie der Rhein seinen Wag fand? Wer kennt die Riesen der Gletscher, die an seinem Schicksal beteiligt waren? Woran liegt es, dass die Menschen all das vergessen haben? Vielleicht, weil sie nicht mit dabei waren, als sich dies entschied? Oder weil sie auch uns, das kleine Zwergvolk der Berge, vergessen haben? Wir wissen von dem schicksalhaften Tag zu berichten, denn wir waren dabei! Auch heute treffen wir uns noch an den alten Plätzen und erzählen uns von damals. Ich selbst war bei dem legendären Treffen der Riesen auch nicht dabei. Dafür ist es schon viel zu lange her. Aber die Legenden wurden von Generation zu Generation weitergegeben und somit nie vergessen. Es gibt vieles darüber zu berichten, von all dem Schabernack, den die Riesen dort trieben, oder von den langen Abenden, an denen sie in Erinnerungen schwelgten. Doch heute will ich Euch von der Entstehung des Rheinweges berichten, damit Ihr Menschen diese Geschichte auch kennt und den zukünftigen Generationen weitergeben könnt.

»Brüder!«, donnerte die Stimme eines der Riesen über den Gipfel des Rheinwaldhorns, des Tödi und des Gotthards, »wie wäre es, wenn wir unserer Mutter, dem Meer, einen lieben Gruß senden würden? Als kleinen Dank für all die schweren Wolken und luftigen Winde, die sie uns immer zusendet!«

»Der Gedanke gefällt mir!«

»Das scheint mir eine feine Sache!«

»Gefällt mir auch«, rief einer der älteren Riesen, »ich frage mich nur, wie ihr das bewerkstelligen wollt. Seht hinab in die Talgründe. Der Weg ist weit und beschwerlich. Das schaffen wir nie!«

Nachdenklich schweigend sahen alle Riesen hinab ins tiefe Tal.

Der alte Riese hatte Recht! Das war eine schier unmögliche Aufgabe.

»Schade!«, seufzte einer der Riesen.

»Was für ein Jammer, unsere Mutter hätte sich gar sehr gefreut!«, ließ sich ein anderer vernehmen.

»Ach ja, wirklich sehr schade!«, erklang es traurig von allen Seiten.

»Aber, aber«, erklang da die Stimme eines der Schneebärtigen, »ihr werdet euch doch nicht von solch kleinen Widrigkeiten abhalten lassen?«

Die Riesen hoben den Kopf und sahen die Berge betrübt an. Sie wussten nicht genau, welcher von den dreien gerade gesprochen hatte. Doch sie wandten sich dem Gotthard zu, der meist als erster das Wort ergriff.

»Das solltet Ihr nicht gering schätzen«, brummte einer der Riesen, »die Schwierigkeiten scheinen unüberwindlich.«

»Unsinn«, stimmte nun auch das Rheinwaldhorn ein, »ihr müsst nur jemanden finden, dem Ihr eure Grüße mit auf den Weg geben könnt.«

»Und wer sollte das sein? Unsere Freunde, die Zwerge, sind zu klein, um den weiten Weg zu gehen, die Elfen sind seit dem letzten Schabernack schrecklich zornig auf uns und wir können die Berggipfel nicht verlassen. Es ist also hoffnungslos!«

»Ihr werdet bestimmt auf jemanden treffen, der euren Wunsch erfüllen kann«, rief nun auch der Tödi, der dritte Berg im Bunde.

»Hallo, ihr Freunde dort unten im Tale!«, rief der schneebärtige Gotthard über das Tal hinweg. »Mag einer den Riesen einen Gefallen erweisen?«

Gespannt lauschten alle in die Stille hinein.

»Es wird nichts fruchten«, seufzten die Riesen und wandten sich wieder ihrem Wein zu.

»Hallo, ihr Berge und Riesen dort oben!«, ließ sich just in diesem Moment eine Stimme vernehmen. »Ich habe Eure Rede vernommen, und gerne will ich euren Wunsch erfüllen und eure Grüße mit hinab ans Meer nehmen.«

Neugierig sprangen die Riesen auf und blickten in die Richtung, aus der die Stimme erklungen war. Dort stand in den Fluten eines kristallklaren Bergsees ein junger Wassermann und winkte ihnen zu.

»Ihr würdet unsere Grüße mitnehmen?«, rief einer der Riesen.

»Aber gerne doch, Herr Riese«, lachte der Nöck. »Es wird mir ein Vergnügen sein!«

»Wie wollt Ihr denn den Weg hinab finden?«

»Na, hört mal, ihr Herren Riesen«, ereiferte sich der Wassermann, »wenn ich ein Versprechen gebe, erachte ich es als Pflicht, es auch in die Tat umzusetzen! Allerdings brauche ich dafür die Hilfe der mächtigen Berge!«

»Was ist Dein Begehr?«, rief Gotthard. »Wie können wir Berge Dir helfen?«

»Ihr müsst meinen Wassern den Weg öffnen. Eure Brüder stehen mir im Wege. Nur wenn sie etwas zur Seite rücken, vermag ich Euren Wunsch zu erfüllen.«

»Das ist für uns die geringste Mühe«, rief das Rheinwaldhorn.

Die Zwerge, die den Riesen Wein nachfüllten, ließen vor Staunen ihre Arbeit ruhen, als die ersten Berge begannen, zur Seite zu rücken. In wenigen Augenblicken begann das Wasser aus den Bergseen wild ins Tal hinabzuströmen.

»Holla«, rief der Wassermann und sprang in die immer schneller wirbelnden Fluten, »so werde ich eure Grüße recht eilig überbringen können.«

Schäumend umtosten die Wassermassen die Berge und suchten sich ihren Weg. Die Riesen, die Zwerge und die Berge sahen staunend zu. Plötzlich gewahrten sie, dass von der anderen Seite eine weitere Wand aus Wasser heranschnellte, an dessen Spitze ebenfalls ein Nöck schwamm. Er glich dem anderen Wassermann wie ein Ei dem anderen. Was war das? Ein Spiegelbild? Verwundert wurden sie Zeugen, wie die beiden Flüsse an einer engen Stelle aufeinander trafen und sich laut fauchend zu einem wild schäumenden Strom vereinten. Sie blickten ihm nach, bis er sich in den Weiten verlor.

Einige Tage später kehrte der Wassermann zurück und vermeldete ihnen, dass er ihre Grüße ausgerichtet habe.

Erst viel später erzählten die Schneebärtigen meinen Brüdern, dass ein Bruder des Wassermannes ebenfalls den Ruf der Berge vernommen und sich für die Riesen auf den Weg begeben hatte. Ihre Wasser vereinten sie zu einem mächtigen Strom, der sich durch das Schweizerland hindurch seinen Weg hinunter nach Deutschland und durch die Ebenen der Niederlande zum Meer suchte. An diesem Tage wurde aus zwei unbändigen Nöcken, die in kleinen Flüssen gelebt hatten, der mächtige Rheinkönig.

Die Riesen feierten dies ausgiebig, und meine Brüder mussten sie noch lange mit Speis und Trank laben. Doch das ist eine andere Geschichte.

Die Insel Mainau

Wer kennt sie nicht, die wunderschöne, mit allen Reizen der Natur ausgestattete Insel mitten im schwäbischen Meer! Viele Jahrhunderte war das Eiland fest mit den Namen der Herren von Bodmann verknüpft. Erst im 13. Jahrhundert ging es in den Besitz des Deutschen Ritterordens über, und eine alte Legende weiß davon zu berichten, wie es dazu kam.

Müde und erschöpft schloss der junge Junker Hug von Langenstein seine Augen und beschwor Bilder seiner zarten Braut Martina herauf. Obwohl seit ihrem letzten Zusammensein viele Monate ins Land gezogen waren, konnte er sich noch an jede einzelne

Kleinigkeit ihrer sanften Gesichtszüge erinnern und ebenso den lieblichen Klang ihres Lachens hören. Seufzend strich er sich über die Augen und sprach ein stummes Gebet. Wie oft hatte er schon mit Gott in stummem Zwiegespräch gelegen! Warum war Gott so grausam zu ihm?

Dabei hatte vor einigen Monaten alles so verheißungsvoll begonnen. Nach Monaten des Zauderns hatte er endlich den Mut aufgebracht, seiner großen Liebe, der Jungfer von Bodmann, seine Gefühle zu offenbaren. Er konnte sich noch genau an seine Erregung erinnern, als er ihr seine Aufwartung machte. Wie überglücklich er gewesen war, als er gewahrte, dass sie seine Gefühle erwiderte. Allabendlich hatte er sich daraufhin mit seinem Boot auf den Weg zur Insel gemacht, um einige wenige Augenblicke mit ihr verbringen zu können. Hoffnungsvoll hatten sie in die Zukunft geblickt, Pläne geschmiedet und die wenigen Stunden bis zu ihrer Vermählung gezählt.

Doch dann kam der Morgen, an dem sein stark von der Gicht geplagter Vater Hug zu sich rufen ließ. Der Alte bat ihn, an seiner Statt das Kreuzfahrergelübde einzulösen, welches er vor Gott und dem Kaiser abgelegt hatte. Er möge sich gleich auf den Weg machen, seine Braut könne er ja immer noch nach dem Kreuzzug ehelichen. Hug konnte seinem Vater diese Bitte nicht abschlagen, und so begab er sich auf den schweren Weg zu seiner Liebsten, um ihr die traurige Botschaft zu überbringen.

Jeder einzelne Augenblick ihres letzten Treffens hatte sich in sein Gedächtnis gegraben, jede Träne und jedes Wort brannte noch fort in seinem Herzen. In seinem Ohr klangen noch seine letzten Worte: »Vertraue mir und Gott, für den ich dieses Opfer bringe. Ich werde zu dir zurückkehren. Das verspreche ich!« Und er sah seine Liebste vor sich, wie sie ihm tapfer zugelächelt hatte.

Doch dieses Versprechen lag nun schon Monate zurück! Nun saß er hier, in einem fremden Land, in einem dunklen Verlies, ohne Hoffnung auf Freiheit, und er wusste nicht, ob er Martina jemals wiedersehen würde. Mit Schrecken dachte er an den Augenblick zurück, als der Sultan mit seiner Lieblingstochter durch die Türe getreten war und ihn in Versuchung zu führen getrachtet hatte. Fassungslos hatte er die – zugegebenermaßen verführerische – Schönheit angesehen, die ihn mit unergründlichen Augen verheißungsvoll betrachtete. Doch er hatte nur Widerwillen und Abscheu empfunden, und beides hallte in ihm immer noch nach. Wie hatte der Sultan nur glauben können, dass Hug der Verlockung erliegen würde? Niemals würde er ein anderes Weib auch nur berühren!

»Oh Herrgott«, stöhnte er laut auf, »wessen habe ich mich nur schuldig gemacht, dass du mich so sehr strafst? Ich würde alles tun, wenn ich doch nur heim käme und meine Liebste noch ein letztes Mal in die Arme schließen könnte.«

Schluchzend sank er auf sein karges Lager und schloss die Augen. Doch plötzlich schien es ihm, als würde seine Zelle von einem warmen Licht ausgefüllt. Blinzelnd hob er den Kopf und blickte sich um. Da gewahrte er etwas, das von oben herabzuschweben schien. Für einen kurzen Augenblick glaubte er zu träumen. War er jetzt schon so verwirrt, dass er Dämonen sah? Eine Gestalt aus Licht trat an das Ende seines Lagers. »Gelobe dich dem Herrn«, sprach die körperlose Erscheinung, »und werde ein Ritter des Deutschen Ordens. Dann wirst du deine Heimat wiedersehen!«

Hug sprang von seinem Lager auf und trat auf das Licht zu, doch da war es auch schon wieder erloschen. Er setzte sich wieder hin. War er jetzt ganz von Sinnen? Oder war dies ein Zeichen Gottes gewesen? Seine Gedanken überschlugen sich. Was sollte er tun? Sich dem Herrn weihen und dafür seiner Liebsten für immer entsagen? Konnte er dieses Opfer bringen? Nur so bot sich ihm vielleicht die Gelegenheit, seine Liebste noch ein letztes Mal in die Arme schließen zu können. Inbrünstig ließ er sich auf die Knie nieder, hob den Kopf und sprach mit zitternder Stimme: »Herr, hiermit gelobe ich Dir, dass ich mich Dir weihen und der weltlichen Liebe entsagen will, wenn ich noch ein einziges Mal meine geliebte Braut sehen kann!«

Kaum hatte Hug diesen Schwur geleistet, da begann die Erde zu beben. Verängstigt sprang er auf und sah, wie die mächtigen Mauern überall Risse bekamen. Alles um ihn herum schwankte, doch Hug blieb still auf einer Stelle stehen. Er vernahm Geschrei, das durch die brechenden Mauern zu ihm herein drang. Es schien fast, als würde das ganze Mauerwerk von einer riesigen Faust zertrümmert. Dann sprang mit einem Ruck die Tür seines Verlieses aus ihrer Verankerung. Da bemerkte er, welch große Möglichkeit sich ihm gerade auftat. Rasch trat er durch den zerstörten Eingang und sah sich um. Überall liefen Menschen umher und er versteckte sich hinter den Trümmern, um ihren Blicken zu entgehen. Sein Atem ging schwer, und er fürchtete jeden Augenblick gefasst zu werden. Doch niemand beachtete ihn und so gelangte er ungehindert ins Freie. Doch draußen herrschten noch größere Verwerfungen. Das Erdbeben hatte viele Häuser zerstört und Menschen verschüttet. Er musste die Zeit nutzen, denn es würde sicherlich nicht lange dauern, bis die Schergen des Sultans seine Flucht bemerkten. So schnell ihn seine Füße trugen, lief er durch die zerstörten Gassen. Er verschloss seine Ohren vor den um Hilfe rufenden Stimmen um ihn herum, denn wenn sich sein Herz erweichen ließe und er den Verletzten geholfen hätte, wäre seine Flucht schnell zu Ende gewesen.

Endlich erreichte er den Hafen. Die Zerstörungen waren hier nicht ganz so schlimm wie in der Nähe des Palastes, doch herrschte auch hier ein großes Durcheinander. Zu seiner großen Freude sah er am Kai ein zum Auslaufen bereites Schiff liegen. Ohne nachzudenken ging er einfach mit den letzten Matrosen an Bord. Niemand schien sich darüber zu wundern, dass Hug plötzlich mit an Bord war, und weil er kräftig mit anpackte, stellte auch niemand Fragen. Als die Küste hinter ihnen nur noch als schwacher Streifen am Horizont zu erkennen war, wurde er gewahr, dass er ja gar nicht nach dem Zielhafen des Schiffes gefragt hatte. Für einen kurzen Augenblick überlegte er, ob er die anderen Seeleute nach der Route fragen sollte. Doch dann verwarf er den Gedanken wieder und vertraute auf Gottes Fügung. Zudem hielt er es für besser, wenn niemand bemerkte, dass er ein entlaufener Gefangener des Sultans war. So verging die Zeit auf See, und irgendwann bemerkte Hug, dass sein Schiff in Richtung Venedig segelte.

Je näher sie ihrem Ziel kamen, umso schwerer wurde ihm ums Herz. Schon damals im Verlies war ihm die Entscheidung, auf seine große Liebe zu verzichten und den heiligen Schwur zu leisten, sehr schwer gefallen. Doch jetzt – je näher er seiner Liebsten wieder kam – geriet sein Entschluss ins Wanken. Mit jeder Faser seines Herzens sehnte er sich nach ihr, und er wünschte sich nur noch, für immer bei Martina bleiben zu können. Wie hatte er nur eine solch unglückliche und törichte Entscheidung treffen können? Kaum hatte er dies gedacht, da begannen sich am Himmel schwarze Wolken aufzutürmen. In Sekundenschnelle verfinsterte sich der Tag zur Nacht. Meterhohe Wellen schlugen gegen das Schiff, und das Meer drohte sie zu verschlingen. Da ließ sich Hug auf die Planken fallen, hielt sich an einem Seil fest und schrie aus Leibeskräften in den schwarzen Himmel hinein: »Herr, vergib mir meine Wankelmütigkeit! Niemals wieder will ich an Dir zweifeln! Ich werde den heiligen Schwur leisten und der Welt und der Liebe entsagen!«

Kaum hatte er diese Worte ausgesprochen, da ebbte der Sturm genauso schnell wieder ab, wie er aufgekommen war. Völlig verstört blieb Hug an Deck liegen. Jetzt wusste er, dass er für alle Zeiten Gottes Willen unterworfen war.

Als Hug seine Heimat dann endlich erreicht hatte, machte er sich sofort auf den beschwerlichen Weg zu seiner Geliebten, die ihn überglücklich begrüßte. So froh ihn das Wiedersehen auch machte – es war der schwerste Gang seines Lebens.

»Martina«, flüsterte er ergriffen, als er seiner Liebsten ins Gesicht sah, und sank vor ihr in die Knie.

»Hug«, hauchte Martina und umschlang mit beiden Händen sein Haupt. Lange standen sie so beisammen und vergaßen die Zeit. Es bedurfte keiner Worte, um das Band zwischen ihnen zu erneuern. Irgendwann wandte Hug den Kopf und blickte seine Geliebte mit vor Seelenschmerz bleichem Gesicht an.

»Was bedrückt Euch so, mein Geliebter?«

Da holte Hug tief Luft und begann zu erzählen, was sich alles in den letzten Monaten zugetragen hatte und wie es zu seiner wundersamen Flucht gekommen war. Martina hörte ihm schweigend zu.

»Mir war nichts teurer, als Euch noch einmal in den Armen halten zu können, und dieser Wunsch wurde mir vom Allmächtigen selbst gewährt. Der Preis ist sehr hoch, doch ich bedauere es nicht.«

Martina drückte ihn noch fester an sich, und Hug hatte den Wunsch, dieser Augenblick möge niemals wieder vergehen.

»Ich danke dem Herrn, dass er Euch gesund und wohlbehalten zurück nach Hause geleitet hat«, erwiderte Martina und legte beide Hände um Hugs Kinn. »Wenn es Gottes Wille ist, dass Ihr dem Deutschen Ritterorden beitretet, dann werde ich dies mit unerschrockenem Gemüt hinnehmen.«

Hug erhob sich und hauchte seiner Liebsten zum letzten Mal einen lieblichen Kuss auf die Stirn.

Wie lange die beiden noch am Ufer der Insel Mainau standen, weiß die Legende nicht zu berichten. Doch dass Martina die Mainau dem Ritterorden übereignete, wird dort erwähnt. Allerdings knüpfte sie daran eine Bedingung: Sie verlangte, dass Hug von Langenstein der Nachfolger des betagten Komturs werden müsse. Dieser Bitte kam der Großmeister nur zu gerne nach, und Hug von Langenstein wurde ein vortrefflicher Komtur und ein begnadeter Sänger. Noch heute findet man handschriftliche Gedichte über die Märtyrerin Martina, die er einst verfasst hatte. Aber was aus Martina wurde, verliert sich im Dunkeln. Manche behaupten, sie sei in ein Kloster eingetreten.

In Rosen baden

Im 18. Jahrhundert pflegte die Eidgenossenschaft der Stadt Basel sehr gute und intensive Beziehungen zu Frankreich, mit der Folge, dass viele Baseler Soldaten, denen es in ihrer Stadt zu eng wurde, in den Dienst der französischen Armee eintraten. So war es auch bei dem Feldobristen Burkhard Münch, der für seine große Tapferkeit und seinen heldenhaften Mut bekannt war. Er wollte hinaus in die große weite Welt und viele Abenteuer bestehen. Da kam ihm der Dienst bei den Franzosen gerade recht.

Nun wollte es das Schicksal aber, dass sich die Angelegenheiten zwischen Frankreich und der Eidgenossenschaft ausgerechnet zu dieser Zeit wieder verschlechterten. Die Dinge lagen so arg, dass die Franzosen schließlich gegen die Stadt Basel in den Krieg zogen. Für Münch, der durch und durch Soldat war, war es keine Frage, dass er gegen seine eigenen Landsleute kämpfen würde. Es kam unweit der Stadt zwischen den Baselern und den Franzosen zur entscheidenden Schlacht. So verzweifelt und tapfer die Baseler auch gegen die französische Übermacht kämpften, waren sie doch dem Untergang geweiht. Viele Tausende brave Soldaten starben. Der Boden des Schlachtfeldes war mit Blut durchtränkt und in der Luft hing der süßliche Geruch des Todes.

Als die Hauptleute der französischen Armee über das Feld ritten, um ihren Triumph zu genießen, befand sich Burkhard mitten unter ihnen.

Unter all den Toten lag auch ein schwer verwundeter junger Baseler, der sein Leben noch nicht ganz ausgehaucht hatte. Er konnte Arme und Beine nicht mehr bewegen, und das Blut rann ihm aus der Nase, sodass er kaum noch atmen konnte. Doch seine Ohren waren nach wie vor einwandfrei, und er vernahm deutlich die Stimmen der Sieger.

»Obwohl der Geruch des Todes über diesem Ort liegt, empfinde ich doch tiefe Freude, dass wir die Schlacht für uns entscheiden konnten!«, rief einer der Hauptleute seinen Kameraden zu.

Burkhard, der neben ihm stand, führte sein Pferd durch die Blutlachen und lachte. »Ich weiß nicht, was Ihr fürchtet, empfinde ich doch diesen Geruch als lieblich und verlockend!«

Der sterbende Baseler öffnete die Augen und erkannte Burkhard wieder. Hasserfüllt starrte er ihn an. Der Verräter stand neben ihm, und er hätte alles dafür gegeben, wenn er ihn für seinen Hochmut hätte bestrafen können. Doch sein Körper gehorchte ihm nicht mehr, und seine Kräfte schwanden mit jedem einzelnen Atemzug unwiederbringlich. So blieb ihm nichts, als tatenlos zu vernehmen, wie Burkhard sein eigenes Volk verhöhnte.

»Hast du denn kein Mitleid? Dies waren doch deine eigenen Landsleute!«

Burkhard ließ seinen Blick über das Schlachtfeld gleiten und lachte abermals. »Warum sollte ich Mitleid haben? So ist nun mal der Krieg, und ich stehe auf der Seite der Sieger. Was habe ich mit den Schwachen zu schaffen? Nein, dieser Anblick ist das Höchste, was sich ein wackerer Soldat wünschen kann. Schaut nur, all das wundervolle anmutig rote Blut. Es scheint mir, als würden wir durch Berge von Rosenblättern waten. Ach nein, heute ist ein wundervoller Tag, an dem wir, die Sieger, in Rosen baden!«

Da verkrampfte sich vor Abscheu und Wut das Herz des Sterbenden. Wie konnte jemand im Angesicht des Elends und des Todes eine solche Rede führen? Die Toten waren doch Burkhards Landsleute, vielleicht gar seine Freunde aus Kindertagen, und er hatte nur noch Hohn und Spott für sie übrig. Wenn er doch nur seine alte Kraft noch hätte, würde er den Verräter für seinen Hochmut gebührend bestrafen! Doch seine Lebensgeister schwanden immer mehr dahin, und schon kroch eisige Kälte in seine Glieder, die sich einstellt, wenn die letzten Kräfte verrinnen. Tiefe Schwärze umhüllte ihn, und er spürte, wie der Tod mit all seiner Macht Besitz von ihm ergriff. Mit einem letzten Seufzer wollte er sich gerade endgültig seinem Schicksal hingeben, als er voller Verwirrung plötzlich eine Veränderung gewahrte. Mit einem Mal durchströmte eine helle Wärme seinen Körper und verlieh ihm eine tiefe Ruhe und Kraft.

Dem jungen Soldaten erschien im Geiste die Schutzpatronin Helena von Basel, die auf ihn herab lächelte. Zwar konnte er sich nicht mehr genau erinnern, wo und wann er ihr Abbild zum letzten Male gesehen hatte, doch ihre sanften Züge waren ihm immer noch wohlbekannt. »Mein Held«, vernahm er ihre sanfte Stimme an seinem Ohr. »Ihr habt tapfer für meine Stadt gekämpft, und niemand besitzt das Recht, schlecht über mein Volk zu sprechen. Darum will ich Euch gestatten, jenen für sein frevelhaftes Tun zu bestrafen. Eure Zeit hier ist wohl abgelaufen, doch ich will Euch für ein paar Augenblicke die Kraft geben, um Euch zu rächen. Wohlan, nutzt Eure Zeit trefflich!«

Plötzlich verspürte er eine unbändige Kraft durch seine Adern strömen. All seine Schmerzen waren verschwunden, und seine Arme und Beine gehorchten ihm wieder.

»Bedenke aber«, mahnte die Stimme in seinem Herzen, »die Kraft des Lebens wird dich schon bald wieder verlassen.«

Der junge Baseler hob den Kopf und blickte zur Seite, dorthin, wo die französischen Hauptmänner und Burkhard Münch fortfuhren, scherzhafte Reden zu führen. Für einen kurzen Moment trachtete er danach, aufzuspringen und den Verräter von Mann zu Mann anzugreifen, doch er war gewiss, dass dafür seine Kräfte nicht ausreichen würden. Er entdeckte neben sich in seinem eigenen Blute einen schweren Stein mit scharfen Kanten. Kurzerhand zog er diesen an sich und schleuderte ihn mit allen ihm noch verbliebenen Kräften auf Burkhard. Dieser hatte bei den hitzigen und lästerlichen Reden in der Zwischenzeit seinen Helm vom Kopfe genommen. So traf ihn der Stein ohne Warnung mit voller Wucht von hinten am Haupte. Kein Laut drang aus seinem Munde, als er unter den erstaunten Blicken seiner Kameraden besinnungslos und mit gespaltenem Schädel von seinem Pferd sank.

Der junge Soldat verspürte tiefen Frieden, und bevor er für immer die Augen schloss, erkannte er noch, wie die Franzosen vergeblich versuchten, Burkhard am Boden wieder aufzurichten. Da lächelte er und ging dahin in der Gewissheit, dass den Frevler seine gerechte Strafe ereilt hatte.

Burkhard Münch hingegen verstarb, noch bevor er den blutdurchtränkten Boden berührt hatte, und bald ging er ins Reich der Legenden ein. Nie sollten die französischen Soldaten erfahren, dass Burkhards Tod das Werk der Schutzpatronin von Basel war. Nur die Baseler selbst ahnten dies und huldigen ihrer großen Schutzpatronin bis heute.

Des Ammeisters Sohn

Vor langer Zeit lebte in Straßburg der Ammeister Dietrich Haffner, der von den Bürgern der Stadt für seine Gerechtigkeit und Weisheit hoch verehrt wurde. Doch wie es das Schicksal manchmal will, hatte er einen Sohn namens Heinrich, der voll von jugendlichem Ungestüm und Übermut war. Der junge Heißsporn liebte es, mit seinem Pferd durch die engen Gassen zu sprengen, und es kümmerte ihn wenig, dass Männer, Frauen und Kinder oft genug zur Seite springen mussten, um nicht zu Boden geritten zu werden. Immer wieder mahnte der Vater den Sohn zur Mäßigung und verbot ihm, dergestalt mit seinem wilden Pferd durch Straßburg zu galoppieren. Allein es fruchtete nicht: Wenn die jungen Mägdelein Heinrich bewundert anstarrten, trat Glanz in seine Augen und er ward glücklich. Doch eines Tages sollte ihm sein Übermut zum Verhängnis werden.

Stumm saß der alte Ammeister auf seinem Gerichtssessel und beobachtete die Menschenmenge, die wie eine Gänseschar schnatternd ihre Plätze einnahm. All die Jahre hatte er mit Leib und Seele den Vorsitz des Gerichts der Stadt Straßburg geführt, doch heute war sein Herz voll von Gram und Schmerz. Dies würde wohl der schwerste Tag in seinem Leben werden. Jedermann würde verstanden haben, wenn er heute in diesem Fall den Vorsitz des Gerichts niedergelegt hätte, doch er war ein überaus pflichtbewusster Richter und außerdem war er es der Familie des getöteten Kindes schuldig, ein gerechtes Urteil zu fällen. Müde schloss er die Augen und versuchte die Bilder der letzten Tage aus seinem Gedächtnis zu verdrängen.

»Mein Herr«, erklang in diesem Moment die Stimme eines anderen Ratsmitgliedes in seinem Ohr, »wir sind bereit.«

Der Ammeister Dietrich Haffner öffnete mit einem tiefen Seufzer die Augen und schluckte schwer, als er seinen eigenen Sohn Heinrich mit hängendem Kopf an dem Platze des Angeklagten stehen sah. Für einen kurzen Augenblick suchte er Heinrichs Blick, um ihn stumm um Vergebung für das zu bitten, was nun folgen sollte. Doch Heinrich ging dem Blick seines Vaters aus dem Wege und starrte unverwandt weiter auf den Boden zu seinen Füßen. Das Volk wartete mittlerweile ungeduldig auf den Beginn des Tribunals.

»Heute wollen wir das Urteil über den Straßburger Bürger Heinrich Haffner sprechen«, hub Dietrich zu sprechen an. »Vorher will ich jedoch nochmals die Anklage vorbringen.«

Dietrich befürchtete, dass ihm die Stimme versagen könnte. Doch eine solche Blöße durfte und wollte er sich nicht geben. Er schaute sich um, und sein Auge blieb bei den Klägern hängen, einem jungen vermählten Paar, das erwartungsvoll zu ihm aufsah. Ja, dieser Anblick gab ihm Kraft!

Er holte abermals tief Luft und sprach weiter: »Trotz zahlreicher Ermahnungen und eines ausdrücklichen Verbotes ritt der Angeklagte zum wiederholten Male viel zu schnell und ohne Rücksicht durch die Gassen der Stadt. Entspricht dies der Wahrheit?«

Er blickte zu seinem Sohn hinüber, der nur stumm mit dem Haupte nickte.

»Und entspricht es weiterhin ebenfalls der Wahrheit, dass der Beklagte an dem besagten Morgen an dem Haus der Familie Bern vorbeiritt, als deren kleine Tochter draußen auf dem Pflaster spielte?«

Ein leises Schluchzen drang aus der Brust der jungen Mutter, und Dietrich gewahrte, dass sie hilfesuchend die Hand ihres Mannes drückte.

»Ja«, ließ sich in diesem Moment zaghaft Heinrichs Stimme vernehmen. Dietrich wandte sich ihm wieder zu und gedachte des Morgens, an dem sein Sohn totenbleich nach Hause zurückgekehrt war und kleinlaut verkündet hatte, dass er niemals wieder ein Pferd reiten wolle. Von dem Unfall hatte er freilich nichts erzählt, und als wenige Tage später die Klage eingegangen war, hatte es ihn völlig unvorbereitet getroffen. Heinrich hatte sich also nicht nur über die väterlichen Gebote hinweggesetzt, nein, er hatte dem Vater auch nicht die Wahrheit gesagt

»Des Weiteren bringt die Anklage vor, dass der Reiter Heinrich Haffner das unschuldige Kind beim Vorbeireiten mit den eisenbeschlagenen Hufen seines Pferdes am Kopfe traf und sich daraufhin spornstreichs von dem Orte dieses Unglücks entfernte.«

»Nein«, sprach da der Vaters des toten Kindes, »er hob unsere Tochter vom Pflaster auf und trug sie zu uns ins Haus herein. Dann wandte er sich wortlos um und eilte davon.«

Dietrich vermerkte eine kurze Notiz auf seinem Blatt und ließ seinen Blick dann für einige Momente schweigend auf der wartenden Menge verweilen.

Dann sprach er: »Für dieses schwere Vergehen gibt es nur eine einzige Strafe. Das niedergeschriebene Gesetz verlangt den Tod des Angeklagten!«

Die Zuschauer sprangen erregt auf, und ein wildes Geschrei brach aus. »Lasset Gnade walten«, schrien einige durcheinander. »Ihr wollt doch wohl nicht Euren eigenen Sohn zu Tode verurteilen!«

Dietrich hingegen wartete, bis sich der Aufruhr ein wenig gelegt hatte. »Es sind die Buchstaben des Gesetzes! Nicht ich fälle dieses Urteil, sondern ich verkünde es nur!«

Da sprangen auch beide Eltern des getöteten Kindes auf, und der Vater rief aus: »Durch den Tod jenes Unseligen wird unser Kindlein auch nicht wieder lebendig! Euer Sohn soll seine gerechte Strafe bekommen, doch sein Tod ist nicht in unserem Sinne! Habt Gnade mit ihm und fällt ein anderes Urteil!«

»Vater!«, erklang in diesem Moment auch die zaghafte Stimme des gebrochenen Jünglings. »Vater, Gnade!«

Dietrich wurde es eiskalt, und seine Kehle war wie zusammengeschnürt. Er hätte seinen rechten Arm dafür gegeben, seinem Sohn dies alles hier ersparen zu können. Doch wie oft hatte er ihn ermahnt, seinen jugendlichen Übermut und seine Unbesonnenheit zu zügeln! Aber alles hatte nichts gefruchtet, und nun war genau das eingetroffen, was er immer befürchtet hatte.

»Ich nehme eure Stimmen zur Kenntnis. Doch hier liegt ein klares Vergehen vor, das nur ein einziges Urteil zulässt: die Todesstrafe!«

»Aber das könnt Ihr nicht tun! Er ist Euer Sohn!«

Dietrich wandte den Kopf und schaute die Mutter des Mädchens traurig an. »Mein persönlicher Willen tut hier nichts zur Sache. Heinrich Haffner ist hier vor dem Gesetz als Bürger Straßburgs angeklagt und muss zur Rechenschaft gezogen werden. Ich kann nicht anders handeln, nur weil der Angeklagte mein eigen Fleisch und Blut ist. Der Bürger Heinrich Haffner hat durch seine Unbeherrschtheit ein junges Leben ausgelöscht und wird nun seines dafür einbüßen! Damit ist die Verhandlung geschlossen!«

Sprach's, erhob sich und eilte aus dem Saal. Dietrich drehte sich nicht einmal mehr um, und die Legende weiß auch nicht zu berichten, ob er seinen Sohn vor dessen Hinrichtung noch einmal sprach. Bis heute für jedermann sichtbar ist allerdings das Bild des Ammeisters auf dem Richterstuhl und des getöteten Kindes, eingehauen in die Steine des Bischofsburgtores zu Straßburg. Der unselige Jüngling auf seinem Ross ist hingegen am Zolltor verewigt.

Karls Ruhe

Eines Tages, als der Markgraf Karl von Baden siegreich von einem Feldzug heimkehrte, wurde er gewahr, dass er dergestalte Strapazen fürderhin nicht mehr auf sich nehmen wollte. Er hatte jetzt viele Monate im Felde verbracht und seine Staatsgeschäfte derweil anderen überlassen. Dies sollte sich nun ändern. Es war nun an der Zeit, dass er sich nur noch dem Wohl seiner Untertanen widmete. Zunächst aber wollte er seine Hauptstadt Durlach vergrößern und verschönern. Viele Stunden brachte er mit der Planung und den Vorbereitungen zu. Dann lud er all die reichen Kaufleute, die Handwerker und den Landadel ein, denn die Aufwendungen für den Umbau der Stadt mochte er nicht alleine tragen.

Lautes Stimmengewirr durchdrang den Saal. Alle gutbetuchten Handwerker, reichen Kaufleute und im Umkreis der Stadt residierenden Landadelsleute hatten den Weg zu dieser Versammlung gefunden. Karl musste schmunzeln, als er bemerkte, dass sie alle ihre besten Kleider angelegt hatten. Jeder wollte den anderen mit seinem Pomp übertrumpfen. Mal sehen, ob sie ihren Reichtum auch dann noch so gerne zur Schau trugen, wenn sie den wahren Grund für die Zusammenkunft erfuhren. »Verehrte Herrschaften!«, rief er in die Menge hinein, »darf ich euch bitten, eure Plätze einzunehmen, damit wir mit der Beredung beginnen können!«

Als das Stimmengewirr keine Anstalten machte, leiser zu werden, erhob sich der Herrscher und klopfte laut auf den Tisch. Erst nach dem dritten Hämmern wurde es allmählich ruhiger, und die Männer setzten sich an ihre Tische. Seufzend ließ Karl sich wieder auf seinen Stuhl sinken.

»Nun«, begann er, »wir sind heute hier zusammengekommen, weil wir unsere Hauptstadt Durlach vergrößern und verschönern wollen. Ich möchte nun gerne meine Pläne mit euch besprechen.«

»Ihr wollt die Stadt vergrößern? Wozu?«, erklang sofort die abschätzig klingende Stimme eines rotgesichtigen Ritters aus der Ecke. »Dies kostet doch nur unnötig Geld!«

Karl wandte den Kopf und sah den Ritter mit zusammengekniffenen Augen an. Dass dieser direkt gegen seine Pläne schoss, obwohl er diese noch nicht einmal darzulegen begonnen hatte, passte ihm gar nicht.

»Wäre es nicht angebracht, sich erst einmal die Pläne unseres Markgrafen anzuhören?«, mischte sich der reiche Wirt ein. »Diese abzulehnen vermögt Ihr nachher immer noch!«

»Wozu die Zeit vergeuden? Unsere Stadt ist gerade recht! Wenn wir noch mehr Häuser bauen, locken wir nur noch mehr armseliges Volk hierher. Das mag wohl kaum in unserem Sinne sein!«

»Das rechtfertigt aber nicht Eure dergestalt vorgetragene Ablehnung!«

»Ei gewiss, Ihr mögt ja schon im Geiste die neuen Gäste für Eure Schänke zählen! Ich sehe aber das Laster, die Sittenlosigkeit und Verderbtheit, die dann hier Einzug halten!«

»Mich dünkt der Einfall gar nicht schlecht!«, mischte sich der Älteste der Schreinerzunft ein. »Das will wohl gute Arbeit für uns alle heißen!«

»Doch wer soll das Ganze bezahlen?«, giftete einer von den Landadelsleuten, dessen Namen Karl vergessen hatte. »Wer soll wohl die Entlohnung bezahlen? Und woher soll das nötige Material kommen?«

»Deshalb sitzen wir ja hier beisammen«, mischte Karl sich ein, der allmählich von dem vielen Geschrei Kopfschmerzen bekam, »um auch über die Bezahlung zu sprechen.«

»Ich leihe Euch Geld zu einem günstigen Zins«, meldete sich der kleine Buchmacher zu Wort und grinste Karl frech an.

»Ich will kein Geld leihen, sondern den Zehnten heraufsetzen.«

Kaum hatte Karl zu Ende gesprochen, da brach auch schon ein wilder Tumult los. Alle schrien durcheinander, und Karl hielt sich die Ohren zu. Warum waren sie nur alle so kleinliche Krämerseelen?

»Das kann nicht Euer Ernst sein!«

»Wieso sollen wir einen höheren Steuerzins bezahlen, dessen ungeachtet wir unsere Stadt gar nicht anders haben wollen?«

»Das wollen wir so nicht dulden!«

»Den Zehnten erhöhen! Das ist eine Ungeheuerlichkeit! Sollen wir ohne Not verarmen, nur damit Ihr Eure unnützen Pläne in Angriff nehmen könnt?«

»Der Markgraf will auf unsere Kosten nur seine Eitelkeit streicheln!«

»Wenn er den Zehnten erhöht, werde ich dafür sorgen, dass alle Mitglieder unserer Zunft die Stadt verlassen.«

»Jawohl, wir auch! Es gibt auch noch andere Städte, wo wir in Ruhe arbeiten und leben können!«

Und so ging es immer weiter. Die Leute wollten sich gar nicht mehr beruhigen, und Karl musste erkennen, dass seine wohlfeilen Pläne hier auf taube Ohren stießen. Einige Male versuchte er sich noch Gehör zu verschaffen, doch es wollte ihm einfach nicht gelingen. Irgendwann packte er sein Bündel und verließ niedergeschlagen den Saal.

In den nächsten Tagen litt Karl unter starken Kopfschmerzen, die dem Anschein nach wohl gar nicht mehr verschwinden wollten. Rastlos lief er umher und beschloss schließlich, zur Zerstreuung ein wenig auf die Jagd zu gehen. Mit seinem Gefolge machte er sich bald auf den Weg in den Hardtwald. Hier lebte prächtiges Wild und es gab reiche Beute zu machen. Als er im wilden Galopp einem Hirschen hinterherpreschte, bemerkte er nicht, dass er sich weit von seinem Gefolge entfernte. Irgendwann machte sich Erschöpfung in ihm breit, denn die Sonne brannte unerbittlich hernieder, und so beschloss er, eine kleine Rast einzulegen. Unter einer großen Eiche suchte er sich ein schattiges Plätzchen und überließ sich dem Schlummer.

»Herr Graf!« Langsam, aber stetig drängte sich eine Stimme in seinen lieblichen Traum. »Herr Graf, wachet auf!«

Karl schlug die Augen auf und gewahrte seine Jagdgenossen, wie sie um ihn herumstanden. »Wir haben Euch überall gesucht!«

Seufzend setzte er sich auf sprach gähnend: »Ich hatte euch während der Hatz verloren, und da mich eine tiefe Müdigkeit überkam, machte ich hier an diesem Platze eine Rast.« Er unterbrach sich selbst und sah hinauf in die Baumkrone. »Und ich hatte hier einen gar wundersamen Traum. Hoch über meinem Haupte schwebte im strahlenden Licht eine Fürstenkrone. Wenn ich mich recht entsinne, war sie in leuchtendes Geschmeide gefasst. Doch am wunderlichsten waren all die Zinnen und Türme einer prächtigen Stadt, die sich darunter erstreckte.«

»Vielleicht war dies ein Zeichen«, erwiderte einer seiner Gefolgsleute.

Karl stand auf und ging mit langen Schritten um den Baum herum. »Ja, das ist ein Zeichen! Warum an dem Kleingeist der Durlacher verzweifeln? Genau hier an dieser Stelle wird meine neue Stadt entstehen, und sie soll mein künftiger Regierungssitz werden. Nicht umsonst schwebte in meinem Traum eine Krone über der Stadt. Zudem gelobe ich, dass genau hier an dieser Stelle, genau unter dieser großen Eiche dereinst meine Gebeine ruhen sollen!«

Schon kurze Zeit nach diesem Jagdausflug begann die neue Stadt zu entstehen. Bald ragten ihre Türme und Zinnen in den Himmel, und in ihrer Mitte befand sich das Schloss des Herrschers. So kam es, dass von nun an die Residenz der badischen Landesfürsten in der neuen Stadt beheimatet war. Diese aber bekam aus zweierlei Gründen den Namen Karlsruhe: zum einen, weil Karl bei dem schicksalhaften Jagdausflug an dieser Stelle Ruhe gefunden hatte, zum anderen, weil nach seinem Tode seine sterblichen Überreste an dem vorbestimmten Platze ihre letzte Ruhestätte fanden.

Kaiser Rudolf und Graf Eberstein

Noch heute rühmen sich die Bürger von Speyer am Oberrhein, dass ihre Stadt zu den ältesten Deutschlands gehört und selbst im Mittelalter eine der wenigen freien Städte war. Die Bürger setzten sich erfolgreich gegen den Adel zu Wehr, welcher zwar oftmals, aber letztlich immer vergeblich versuchte, Speyer einzunehmen. Keiner der hohen Herren konnte einfach so in die Stadt eindringen, und selbst der Bischof durfte Speyer nur mit einem kleinen Gefolge betreten. Auch wenn sie nicht zur Gefolgschaft verpflichtet waren, sind die Speyerer Bürger aber immer kaisertreu gewesen. Niemals wäre es ihnen in den Sinn gekommen, sich dem Kaiser zu widersetzen. Daher geschah es des Öfteren, dass der Kaiser einen Kriegszug von dieser kaiserfreundlichen Stadt aus begann – so auch Kaiser Rudolf von Habsburg.

Walter, der Knappe des Grafen Eberstein, stand am Rande des Saales und ließ seinen Blick über die tanzende Menge schweifen. Sein Herr tanzte mittlerweile schon zum dritten Male mit der Tochter des Kaisers Rudolf, und es war nicht zu übersehen, dass sie von den Tanzkünsten des Grafen sehr angetan war. Von seinem Herrn sah er hinüber zum Kaiser, der mit mehreren Herrschaften angeregt ins Gespräch vertieft ebenfalls am Rande des Tanzparketts stand. Walters Gedanken schweiften ab und er erinnerte sich zurück an den Tag, als der Graf die Einladung des Habsburgers nach Speyer zu diesem Fest erhalten hatte. Die Verwunderung darob war sehr groß gewesen, denn der Graf Eberstein unterhielt nicht gerade die besten Beziehungen zum Kaiserhof. Im Gegenteil, er widersetzte sich sogar oftmals den kaiserlichen Befehlen und galt daher bei Rudolf als anmaßend und aufsässig.

Der Tanz war mittlerweile beendet, und der Kaiser winkte seiner Tochter zu. Diese blickte kurz zu ihrem Vater hinüber, hob anmutig den Kopf und flüsterte dem Grafen etwas ins Ohr. Walter war viel zu weit entfernt, um hören zu können, worum es dabei ging. Doch er konnte an der Miene seines Herrn erkennen, dass es wohl etwas sehr Wichtiges sein musste, denn kurz darauf verbeugte sich der Graf galant vor der Kaisertochter und kam mit langen Schritten auf ihn zu.

»Walter, komm«, raunte ihm sein Herr zu.

Wortlos folgte Walter dem Grafen, der langsam dem Ausgang zustrebte. Er war nicht wenig verwundert wegen des plötzlichen Aufbruchs, doch wusste er, dass es jetzt wohl besser war, die Befehle seines Herrn ohne Fragen auszuführen. Kaum hatten sie die Tür passiert, da beugte sich der Graf zu seinem Knappen hinunter und flüsterte leise: »Lauf schnell und hole unsere Pferde, und zwar, ohne Aufsehen zu erregen. Keiner von den anderen soll etwas bemerken. Ich warte dort unten an der Ecke auf dich.«

Walter nickte schweigend und machte sich auf den Weg in die Stallungen. Er vermied jede Begegnung mit einem der Stallburschen, sattelte ihre Pferde und führte sie an die vereinbarte Stelle, wo er schon ungeduldig von seinem Herrn erwartet wurde.

»Wo bleibst du denn so lange? Es eilt! Steig auf, wir müssen so schnell wie möglich zurück zur Burg«, rief er ihm zu, stieg auf und galoppierte sofort los. Walter musste seinem Pferd mächtig die Sporen geben, um nicht hinter dem feurigen Hengst des Grafen zurückzubleiben. Der Graf wiederum jagte durch den Wald, als wäre ihm der Leibhaftige auf den Fersen.

Endlich erreichten sie den Bergvorsprung, von dem aus die Burg Eberstein in den Himmel ragte. Der Graf zügelte sein schnaubendes Pferd und wandte sich der Burg zu, die am Ende des Ittetals etwa 500 Fuß über dem Neckar lag. Plötzlich mischten sich unbekannte Geräusche in die Stille der Nacht und das leise Schnauben der Pferde. Der Graf wandte sich zu Walter um und legte den Zeigefinger auf die Lippen. Walter nickte stumm, jetzt verstand er den Grund für ihre Eile. Vor den Mauern der Burg lagerten Männer mit Haken und Leitern! Leise entfernten sich Walter und der Graf wieder und schlugen einen anderen Weg ein. Der Graf wählte einen verschlungenen Pfad hinauf zur Burg, den sie aber nur zu Fuß beschreiten konnten. Daher mussten sie ihre Pferde zurücklassen. Sie erklommen den geheimen, sehr steilen Pfad und erreichten endlich die Burg. Schnell weckte der Graf seine Mannen, und bald herrschte überall geschäftiges Treiben. Trotz der gebotenen Eile bewegten sich alle beinahe lautlos, um den Angreifern nicht zu verraten, dass die Burg erwacht war. Sogar die Kinder waren auf den Beinen und trugen alles zusammen, was sich als Wurfgeschoss verwenden ließ.

Walter lächelte grimmig. Jetzt wusste er, warum der Habsburger seinen Herrn zu diesem Fest geladen hatte. Er wollte diesen hinterrücks des Nachts überfallen! Es dauerte nicht lange, und die kaiserlichen Truppen begannen mit ihren Hacken und Leitern die Burgmauern zu erklimmen. Walter stellte sich schweigend neben seinen Herrn, der ruhig an den Zinnen stand und abwartete. Sein Blick wanderte zu den anderen Bewohnern der Burg. Die Männer standen kampfbereit an der Burgmauer, die Frauen und die Kinder liefen hin und her, um Eimer mit Wasser und Steine zu verteilen. Er beugte sich ein Stück vor und sah, dass einige der Angreifer bereits die Hälfte der Mauerhöhe erklommen hatten. Vor Aufregung begann sein Herz zu rasen, und er wartete ungeduldig auf den Angriffsbefehl des Grafen.

Dann endlich hob dieser den Arm. »Angriff!«, schrie er in die Nacht hinaus.

Sofort donnerten Steine, Abfälle und mit Wasser gefüllte Eimer auf die kaiserlichen Ritter hinunter, die von der Gegenwehr völlig überrascht wurden. Die obersten Kämpfer verloren den Halt und stürzten schreiend in die Tiefe, wobei sie viele ihrer Mitstreiter, die sich darunter befanden, mit sich rissen. Einige der Ebersteiner stießen nun mit vereinten Kräften die Leitern um, die bis an den oberen Rand der Mauer herauf ragten. So schafften es nur wenige der Angreifer überhaupt bis nach ganz oben auf die Burgmauern. Dort wurden sie allerdings sofort mit Schwerthieben empfangen, und am Ende verlor jeder einzelne sein Leben. Die Kinder und Frauen schafften immer wieder neues Wurfmaterial heran, und als die Sonne den neuen Tag ankündigte, waren die Angreifer in die Flucht geschlagen. Lauter Jubel brach aus, und Walter wäre am liebsten in seine Kammer gegangen, um sich von den Strapazen der Nacht zu erholen. Doch der Graf erlaubte niemandem, seinen Posten zu verlassen.

»Wir haben sie besiegt«, rief er seinen jubelnden Burgbewohnern zu, »doch wir müssen weiter auf der Hut sein. Nur die Frauen und die Kinder mögen sich zurückziehen. Die Männer hingegen mögen kampfbereit bleiben!«

Da niemand es wagte, gegen diesen Befehl aufzubegehren, blieben alle Mannen des Grafen in höchster Alarmbereitschaft. Etwa gegen Mittag näherte sich plötzlich ein Trupp Ritter der Burgmauer, an dessen Spitze Walter, der sich an die Mauer gesetzt hatte, Kaiser Rudolf von Habsburg erkannte. Schnell stand er auf und stellte sich neben seinen Herrn. »Was begehrt der Kaiser von Euch? Ob es nun zu einem neuen Angriff kommen wird?«

Der Graf lachte und sprach: »Nein Walter, er wird ganz sicher nicht selbst angreifen. Er hatte sich's wohl so ausgedacht, dass er nun mit mir als einem kaiserlichen Gefangenen verhandeln könne. Schau!«, dabei zeigte er hinunter zu dem Habsburger, dem die Bestürzung deutlich ins Gesicht geschrieben war. »Er ist verwirrt und begreift nicht, was hier wohl geschehen sein mag.« Mit diesen Worten trat der Graf ganz nah an die Mauer, stützte sich ab und rief zum Kaiser hinunter: »Ihr seid hier nicht willkommen! Weder Ihr noch Eure Ritter werden diese Burg betreten! Ihr habt Euch vergebens auf den weiten, beschwerlichen Weg gemacht!«

Der Kaiser starrte eine Zeit lang grimmig die Burgmauern hinauf, dann wandte er sein Pferd und trabte mit seinem Gefolge von dannen.

»Jetzt haben wir die Schlacht gewonnen!«, rief der Graf seinen Mannen zu und begab sich in seine Gemächer.

Es war seitdem nicht viel Zeit ins Land gegangen, als Graf Eberstein begann, um Rudolfs schöne Tochter zu werben. Dies gefiel dem Kaiser gar nicht, und er verbot ihr jeglichen Umgang mit dem Aufsässigen. Doch die junge Habsburgerin vermochte zu bewirken, dass der Kaiser mit der Zeit seinen Groll fallen ließ und mit dem Grafen Eberstein Frieden schloss. Wie dies vonstatten ging, ist nicht überliefert. Jedenfalls wurde bald darauf eine große Hochzeit gefeiert, und am Ende gewann Kaiser Rudolf von Habsburg doch Macht über die Burg Eberstein – wenn auch auf ganz andere Weise, als er es vorher gedacht hatte.

Der Wolfsbrunnen

Unser Zuhause ist ein wundervoller Ort, den die Menschen Jettenbühl nennen. Hier wohnen wir in den dichten Kronen der Bäume. Viele Dinge sahen wir hier im Laufe der Zeiten, doch am schönsten und traurigsten ist die Geschichte eines wunderschönen Menschenkindes, das einst in unserem Hain lebte. Sie war ein ganz besonderer Mensch, und selbst wir erfreuten uns an ihrer engelsgleichen Schönheit und ihrer lieblichen Stimme. Oft saßen wir auf den Ästen der Bäume und lauschten wie gebannt ihren Geschichten und ihrem Gesang. Nur wenn die Menschen aus den umliegenden Ortschaften zu ihr kamen, zogen wir uns in die dichten Baumkronen zurück. Vielen half sie durch ihre seherische Gabe aus den Nöten, die das Leben eben manchmal so mit sich bringt. Deshalb genoss sie bei den Menschen einen sehr guten Ruf, und sie galt als gleichermaßen schön und weise.

Eines Tages fand ein junger Ritter vom Stamm der Franken seinen Weg zu ihr. An diesem Morgen saß ich ganz nah bei ihr und lauschte ihrem verzückenden Gesang. Wie gerne hätte ich es ihr gleichgetan, doch kommen aus meinem Schnabel leider immerzu nur die gleichen Töne, und daher hatte ich beschlossen, ihr einfach nur zuzuhören.

»Mein kleiner Freund«, lächelte sie mich strahlend an, »du schaust mich so wissend an. Wie gerne würde ich deine Gedanken lesen.«

Ich schlug leicht mit meinen Flügeln und setze mich voller Zuneigung auf ihre zarte Hand.

»Hallo!«, erklang in diesem Moment eine Stimme aus dem Unterholz. »Ist hier jemand?«

Eilig flog ich auf einen Ast und musterte voller Missmut den Jüngling, der da auf die Lichtung trat.

Die junge Maid ging einen Schritt auf ihn zu und lächelte ihn an. Ich gewahrte mehr als deutlich, wie er von ihrer Schönheit ergriffen ward.

»Seyed gegrüßt, edler Ritter«, sprach sie ihn an, »was führet Euch zu mir?«

Der junge Mann senkte befangen den Kopf. »Ich hörte, dass Ihr die seltene Gabe besitzt, in die Zukunft schauen zu können.«

»Das ist wohl wahr. Reichet mir Eure rechte Hand, dann will ich sehen, was mir Eure Lebenslinien verraten.«

Voller Spannung hüpfte ich einen Ast tiefer, doch ich konnte nichts erkennen. Darum nahm ich allen Mut zusammen und flog auf ihre Schulter. Wachsam nahm ich den Krieger in Augenschein, der schweigend dastand, doch dieser schenkte mir keinerlei Beachtung. Er hatte nur Augen für die schöne Jungfrau, die mit ihrer Hand andächtig über die seinige strich.

Plötzlich verspürte ich, dass sie leicht zusammenzuckte. Aufgeregt hüpfte ich von einem Bein auf das andere und blickte in ihr Antlitz, das völlig erbleicht war. Was konnte sie wohl so erschreckt haben?

»Und? Was vermöget Ihr zu erkennen?«

»Es verschleiert sich mir die Zukunft. Ich kann Euch noch nichts Rechtes sagen. Zuerst muss ich wohl meine Runen befragen. Kommet darum morgen zur gleichen Zeit wieder zu mir. Dann will ich Euch wohl mehr sagen.«

»Ich werde Eurem Wunsch entsprechen und morgen vor Sonnenuntergang wieder hier erscheinen. Doch bevor ich Euch verlasse, möchte ich Euch bitten, mir Euren Namen zu verraten.«

Ein sanftes Lächeln zog über das Gesicht der Jungfrau. »Man nennt mich hier Richildis, mein Herr.«

»Welch ein schöner Name. Er wird Eurer Anmut und Grazie wahrlich gerecht.«

Spöttisch blickte ich zu dem jungen Mann hinüber. Wie gut ich dieses Gezwitscher der Menschen doch kannte. Immerzu sprachen sie zu Richildis von derartigen Dingen.

»Eure Worte erfreuen mein Herz, mein Herr«, erwiderte sie, und erstaunt bemerkte ich, dass ihre Stimme noch um ein ganzes Stück wärmer und zärtlicher klang als sonst.

»Bitte nennet mich Gunter«, erwiderte der Ritter.

»Wie Ihr wünschet, Gunter. Doch nun lasset mich allein, damit ich die Runen befragen kann.«

Der junge Ritter, der sich Gunter nannte, senkte sein Haupt ein wenig und verließ dann die Lichtung und den Hain. Richildis hingegen blieb still stehen und blickte ihm verträumt und traurig nach. Was hätte ich darum gegeben, ihre Gedanken zu kennen, doch blieb mir nichts, als zu warten, bis sie zu sprechen begann.

»Ach, mein kleiner Freund«, hub sie nach einiger Zeit leise an, »ich werde nun die Runen um Rat fragen. Ich hoffe und wünsche mir so sehr, dass sie mir etwas anderes offenbaren als die Linien seiner Hände.«

Ich betrachtete sie stumm und wunderte mich, was sie wohl in den Händen des Kriegers gesehen haben mochte. Neugierig sah ich dabei zu, wie sie einen kleinen Leinenbeutel, der an ihrem Gewand befestigt war, öffnete und ihm kleine Steine mit wunderlichen Zeichen entnahm. Voller Bedacht legte sie die Steinchen auf einen Baumstumpf und murmelte dabei unverständliche Dinge vor sich hin. Ich begriff nicht, was sie dort tat, und sprang also hinab auf den Baumstumpf, um die seltsamen Steine näher in Augenschein zu nehmen.

»Ach, mein süßer kleiner Freund«, sprach Richildis erneut und hob dabei ihren Kopf. Da vermochte ich zu erkennen, welch tiefe Traurigkeit von ihren schönen Augen Besitz ergriffen hatte. Mit den Tränen kämpfend fuhr sie fort: »Es ist kein einfaches Los, in die Zukunft blicken zu können, denn diese offenbart nicht immer ein leichtes Geschick. Doch wir müssen uns der Fügung beugen, nicht wahr?«

Ich konnte nicht begreifen, was sie mit diesen ihren Worten zu sagen trachtete, aber dennoch verspürte ich, dass es für sie von großer Bedeutung war. Aufmerksam beobachtete ich, wie sie die Steine wieder in ihrem Beutel verstaute, und voller Vorfreude erwartete ich ihren abendlichen Gesang. Doch heute war alles anders als sonst. Richildis zog sich stumm zurück. Ich protestierte so laut ich es vermochte, doch sie schien es gar nicht zu hören und verschwand zwischen den Bäumen.

Am folgenden Abend, als die Sonne schon beinahe hinter den Bäumen versunken war, erschien der junge Ritter Gunter von Neuem. Richildis hatte ihn schon voller Ungeduld erwartet, und seit einiger Zeit war sie bereits in tiefer Unruhe im Hain und auf der Lichtung umhergelaufen. Dies erfreute mich gar nicht, doch ich konnte ja nichts gegen den Ritter ausrichten, und so versteckte ich mich voller Unmut in einem dunklen Winkel.

»Seyed gegrüßt«, rief Gunter Richildis freudestrahlend entgegen, »wie versprochen kehre ich zu dieser Stunde zu Euch zurück, um Euch von Neuem nach meinem Schicksal zu befragen.«

Richildis eilte mit langen Schritten auf Gunter zu und ergriff sanft seine Hände. »Und ich habe in der Zwischenzeit die Runen nach Eurer Fügung befragt. Sie offenbarten mir eine verschleierte Deutung.« Deutlich ließ sich vernehmen, wie Richildis Stimme brüchig ward, und ich flog nun doch näher heran, weil ich mich sorgte. Dergestalt war mir meine Freundin noch nie vorgekommen.

»Ich vermochte zu sehen, dass Euer Herz nicht mehr frei ist, und doch fürchte ich, dass unsere Lebenssterne miteinander verbunden sind.«

Gunter sah Richildis sprachlos an. Ich wartete auf seine Antwort, doch er blickte nur verständnislos drein.

»Ich weiß, dass meine Worte seltsam anmuten, und die Entscheidung fällt Euch sicherlich nicht leicht, doch muss ich Euch eines fragen: Wollt Ihr Euer Los an meines knüpfen, ungeachtet aller Folgen?«

»Bedeutet das jenes, von dem ich nicht zu träumen wagte?«, fragte Gunter nun fassungslos. Richildis nickte leicht und lächelte ihn wehmütig an. »Ja, ich begehre mein Schicksal mit dem Eurigen zu verbinden.«

Da kniete Gunter nieder und bedeckte Richildis Hände mit unzähligen Küssen. »Die Götter sind mir gnädig! Bereits im ersten Augenblick, als ich in Euer wunderschönes Antlitz schaute, brannte in mir der Wunsch, mit Euch vereint zu sein. Ich vermochte seit dem gestrigen Abend an nichts anderes mehr zu denken. Oh Richildis, Ihr macht mich zu dem glücklichsten Menschen auf Erden. Ich schwöre bei den Göttern, dass ich Euch vom heutigen Tage an mein Leben zu Füßen legen werde.«

Richildis zog ihn hoch, legte zärtlich beide Arme um seinen Hals und sprach: »Und ich schenke Euch und unserer Liebe mein Leben. Doch höret auf meine Worte: Unser Glück muss vor den Menschen dort draußen verborgen bleiben. Nur hier, an dieser kleinen Quelle, wollen wir uns treffen und verschwiegene Stunden der Liebe genießen.«

»Oh meine Schönste, wenn dies Euer Wunsch ist, dann will ich mich dem gerne fügen, auch wenn ich vor der ganzen Welt von unserer Liebe künden würde.«

Noch schaute ich nachdenklich zu, wie sich die beiden Menschenkinder küssten, doch dann fasste ich den Entschluss, ihnen nicht weiter zuzuhören, denn ich fühlte, dass Richildis mir nun keinerlei Beachtung mehr schenkte.

So kam es, dass der Ritter Gunter nun Abend für Abend zu uns in den Hain kam. Richildis und er lagen flüsternd und scherzend an der Quelle, und ich war für sie während dieser Zeiten nicht vorhanden. Allerdings bemerkte ich, wie glücklich Richildis in diesen wenigen Augenblicken war, und deswegen lernte ich den jungen Ritter zu schätzen.

Eines Nachmittags stand Richildis stumm an der Quelle und sah wehmütig in den dunklen Wald. Ich hüpfte auf ihre Schulter und rieb meinen kleinen Schnabel an ihrer Wange.

»Hallo, kleiner Freund«, seufzte sie traurig lächelnd auf ihre ganz besondere Weise. »Ich spüre, dass der Tag naht, an dem ich für mein Tun werde Rechenschaft ablegen müssen. Mich deuchte, wenn ich unsere Liebe geheim hielte, dann könne sie von langer Dauer sein, doch die Zeichen stehen ohne Frage dagegen.«

Ich verstand nicht die Bedeutung ihrer Worte, doch der Klang ihrer Stimme war unendlich traurig. Da gewahrte ich, dass sich etwas verändert hatte. Wachsam wandte ich meinen Kopf umher und flog auf den nächsten Ast. Ich wusste nicht warum, doch ergriff tiefe Furcht mein kleines

Herz. Angespannt starrte ich in den dunklen Wald hinein und erkannte, dass kein Laut mehr aus dem Hain herausdrang. Jedes Geräusch war verstummt, und auch Richildis stand schweigend auf der Lichtung.

Da fuhr ein mächtiger Windstoß durch die Bäume. Ich hatte alle Mühe, nicht von meinem Ast geschüttelt zu werden und flüchtete mich ins Buschwerk. Von dort konnte ich sehen, wie ein riesiger weißer Wolf aus dem Hain heraustrat. Jetzt dämmerte mir, warum sich alle Tiere des Waldes lautlos versteckt hatten. Ängstlich blickte ich zu Richildis hinüber, die bewegungslos an ihrem Platz verharrte.

»Ich weiß, wer du bist und wer dich schickt«, rief sie dem Wolf unvermittelt entgegen. »Doch bevor mich gleich mein Schicksal ereilen wird, will ich es in die Welt hinausrufen: Auch wenn der Lohn meiner Liebe Leid ist und die Wurzeln meiner glücklichen Stunden im Sumpf der Schuld ihren Halt fanden, so würde ich diesen Weg immer wieder gehen! Ich bereue nichts!«

Ein unheilvolles Rauschen zog durch die Bäume, und ich erzitterte.

»Bevor du deine gerechte Strafe empfangen wist«, erklang eine machtvolle Stimme aus jedem Winkel des Waldes, »will ich dir einen Augenblick Zeit lassen, darüber nachzusinnen, welch großes Leid du einem anderen Menschen zugefügt hast. Obwohl du in den Händen jenes Ritters erkennen konntest, dass er bereits einer anderen ewige Liebe und Treue geschworen hatte, dachtest du nur an dein eigenes Wohl und stürztest die andere in tiefe Trauer und endlosen Schmerz.«

»Es war meine Bestimmung, ihn zu lieben! Ich war seine Bestimmung!«

»Nein!«, donnerte die Stimme durch die Äste, sodass ich vor Schreck fast herabfiel. »Jeder Mensch hat die Wahl! Keine Bestimmung ist festgelegt! Auch du hättest deine Liebe vor ihm geheim halten können! Doch du bist nur deinem eigenen Verlangen gefolgt! Darum wirst du nun die Folgen deines Handelns zu spüren bekommen!«

Just in diesem Moment sprang der große Wolf gen Richildis und biss ihr knurrend die Kehle durch. Entsetzt musste ich mit ansehen, wie der Glanz ihrer Augen erlosch und sie entseelt zu Boden sank. Kein Ton war über ihre Lippen gekommen.

»Nein!«, schrie da plötzlich Gunter, der eben in diesem Augenblick die Lichtung betrat. Wie von Sinnen stürmte er auf den Wolf zu, der begonnen hatte, die zarten Gliedmaßen seiner Geliebten zu zerfleischen, und schlug ihm mit einem einzigen Hieb seines Schwertes den Kopf ab.

»Oh ihr Götter!«, rief er wehklagend in den Himmel und bettete Richildis Kopf auf seinen Schoß. »Warum nehmt ihr mir das Liebste, was ich habe?« Sein herzzerreißendes Wehklagen war so traurig, dass ich verstört das Weite suchte. Erst lange Zeit später wagte ich mich zurück auf die Lichtung, wo nichts mehr an das fürchterliche Geschehen erinnerte. Voller Gram setzte ich mich an die Quelle und gedachte meiner Freundin, die für ihre Liebe ihr Leben gelassen hatte.

Noch heute gibt es die Wolfsquelle, an der Wotans heiliges Tier auf Bitten Freyas die Seherin tötete. Die Stelle liegt nicht weit vom Heidelberger Schloss entfernt und ist von der Terrasse des Schlosses aus in östlicher Richtung leicht zu erreichen.

Der Spuk am Fensterrahmen

Eigentlich verlassen die Nixen und Nöcken nicht gerne ihren Strom, den Rhein. Anders ist dies jedoch bei dem Rheinkönig. Dieser steigt regelmäßig in seine Zauberkarosse, die von vier feurigen Rossen gezogen aus dem Rhein emporjagt. Ein stattlicher Diener im feuerroten Rock sitzt auf dem Kutschbock und lenkt das Gefährt, das an manchen Tagen brennende Spuren hinterlässt. Nun war es so, dass das Gefährt häufig in Mannheim an der Uferstraße den Fluten entstieg und dort auch wieder in ihnen verschwand. Für die Menschen dort bestand dabei keine Gefahr, denn auch wenn der Rheinkönig in seinem Strome die Menschen sonst gerne in Versuchung führte, so behielt er außerhalb seines Bettes in seiner Kutsche stets rasende Fahrt bei. Die Menschen wussten, dass sie sich nur weit von ihm fernhalten mussten, dann konnte ihnen nichts geschehen. Bis zu dem Morgen, an dem ein gieriger Mannheimer Bürger von der Uferstraße beschloss, den Rheinkönig aufzuhalten und anzusprechen.

»Meister«, rief der Knecht erschrocken, »das kann nicht Euer Ernst sein! Niemand darf den Rheinkönig erzürnen. Das bringt großes Unglück!«

»Unsinn!«, widersprach der Schneider ungehalten und zog den Kopf aus dem Fensterrahmen. »Warum sollte es Unglück bringen, ihn anzusprechen? Er vermag mir sicherlich viele interessante Dinge zu berichten. Außerdem gebe ich nichts um das Geschwätz der Weiber im Ort, die vor Angst das Weite suchen.«

»Er wird Euch mit sich in die eisigen Fluten des Rheins nehmen!«

»Nur weil ich ein paar Worte mit ihm wechseln will? Wohl kaum! Ich muss mir nur eine gute List einfallen lassen, damit er seine Fahrt unterbricht. Er ist immerzu so geschwind wieder verschwunden, dass ich kein einziges Wort an ihn richten kann. Vielleicht sollte ich mich ihm einfach in den Weg stellen.«

»Das hört sich nicht gut an«, murmelte der Knecht und erzitterte innerlich bei dem Gedanken, dem Rheinkönig gegenüberzutreten. Man lernte doch schon als Kind, dass man sich von ihm fernhalten müsse. Viele gute Männer und vor allem Kinder hatte er bereits mit sich genommen, und der Knecht konnte nicht verstehen, warum sein Meister sich in so große Gefahr begeben wollte. Er hatte zwar in den wenigen Wochen, die er jetzt bei ihm war, gelernt, dass der Schneider ein gieriger Mann war, doch hatte er ihn nicht für derart leichtsinnig gehalten.

»Hör auf zu jammern«, knurrte der Schneider seinen Knecht ungehalten an. »Geh mir lieber zur Hand und hilf mir, das große Holzkreuz auf die Wegkreuzung zu bringen. Ich habe mir überlegt, dass es wohl doch besser ist, hier im sicheren Haus zu bleiben. Wenn er vor dem Hindernis halt machen muss, kann ich ihn gut vom Fenster aus ansprechen.«

»Aber das Hindernis wird die anderen Bürger stören, die dort vorbeikommen«, gab der Knecht zu bedenken.

»Ach Unsinn!«, fuhr der Schneider ihn wütend an. »Da kann ein jeder vorsichtig daran vorbeifahren. Also hör auf zu murren und hilf mir endlich!«

Der Knecht schwieg nun und half seinem Meister dabei, das Kreuz auf die Straße zu tragen. Als es mitten auf dem Wege lag, blickte er gedankenverloren zu der Stelle, an der der Rheinkönig dem Strome zu entsteigen und wieder in ihn zurückzukehren pflegte.

»So«, vernahm er die zufrieden klingende Stimme seines Meisters, »das dürfte ihn wohl zum Anhalten bewegen. Ich freue mich schon auf unsere Unterhaltung. Ich werde sicherlich viel von ihm lernen können. Vielleicht kann ich ihm ja auch einen neuen Rock verkaufen. Oh, dann werde ich der reichste Mann der ganzen Stadt, denn der König besitzt sicherlich unermessliche Schätze.«

Zufrieden mit sich und der Welt ging der Schneider zurück in sein Haus und wartete ab jetzt ungeduldig darauf, dass der Rheinkönig mit seiner Kutsche aus den Fluten auftauchen würde.

Doch ließ sich der Gebieter des mächtigen Stromes diesmal viel Zeit. Viele Tage gingen ins Land, ohne dass sich der Rheinkönig blicken ließ. Der Schneider verbrachte viele Stunden am Fenster und wurde dabei allmählich immer ungehaltener. Zum Glück war in dieser Zeit sehr wenig Betrieb auf der Straße und niemand führte bei dem Schneider Beschwerde wegen des Hindernisses.

Dann jedoch war er endlich da, der herbeigesehnte Tag. »Er kommt!«, schrie der Knecht, der gerade vor der Tür stand, und der Schneider lief freudestrahlend ans Fenster. Jetzt endlich konnte er ein Wort mit dem Rheinkönig wechseln! Und da kam er auch schon in seiner feurigen Karosse über den Weg geprescht.

»Auf ein Wort!«, rief der Schneider der Kutsche entgegen und reckte seinen Hals weit aus dem kleinen Fenster.

Der Knecht indes verkroch sich hinter einer Hecke. Sein Herz pochte laut vor Angst. Doch seine Neugierde war genauso groß wie die Angst, denn er wollte nur zu gerne auch einen Blick auf den Rheinkönig werfen. Gespannt starrte er durch das Dickicht der Hecke auf die Straße und wartete, was nun geschehen würde.

Die feurigen Rosse sprengten auf das große Kreuz zu, das mitten auf der Straße lag. Der schwere Wagen wurde kein bisschen langsamer, und der Knecht fragte sich schon, ob der Kutscher auf dem Bock nicht sah, dass dort ein großes Hindernis auf der Straße lag. Dann plötzlich machte das rasende Gefährt einen raschen Schlenker und donnerte an dem Holzkreuz vorbei, ohne auch nur für den winzigsten Moment seine Fahrt zu drosseln.

»Nein! Bitte bleibt hier!«, schrie der Schneider verzweifelt, und der Knecht sah, wie der Kopf seines Meisters vor Aufregung rot anschwoll. Er kroch aus seinem Versteck und sah so gerade noch, wie die Karosse am Horizont verschwand.

»Hilf mir!«, schrie in diesem Moment der Schneider vom Fenster aus. »Ich sitze fest!« Der Knecht wandte sich um und starrte mit offenem Mund auf seinen Meister, der verzweifelt versuchte, seinen Kopf durch den kleinen Fensterrahmen ins Haus zurückzuziehen.

»Was ist denn mit Euch geschehen? Euer Kopf ist ja furchtbar angeschwollen!«

»Das merke ich selber! Ich schaffe es alleine nicht. Komm her und hilf mir!«

Der Knecht ging zu dem Schneider hin und blickte entsetzt auf den dicken roten Kopf, der eine gewisse Ähnlichkeit mit einem Kürbis angenommen hatte. »Wie soll ich Euch denn helfen? Selbst wenn ich noch so fest ziehe, werde ich Euren Kopf nicht durch den Fensterrahmen bekommen.«

»Dann hole Hilfe!«

»Wen soll ich denn holen?«

»Oh, was stellst du so dumme Fragen? Hol einen Handwerker, der mich aus meiner misslichen Lage befreit.«

»Das wird schwierig werden. Ich …«

»Nun mach dich endlich auf den Weg. Du wirst schon jemanden finden!«

»Wie Ihr wollt«, erwiderte der Knecht und machte sich auf den Weg.

Doch erst nach vielen Stunden der Suche fand er Handwerker, die sich bereit erklärten, den törichten Schneider mit Hammer und Beil aus dem Fensterrahmen zu befreien. Es dauerte noch eine ganze Weile, bis der Kopf des Schneiders wieder seine vorherige Form und Größe angenommen hatte. Der Schneider selbst jedenfalls hat von diesem Tage an nie wieder versucht, mit dem Rheinkönig zu plaudern.

Der Drache von Worms

Wer heute durch die Gassen von Worms schreitet, mag gar nicht glauben, dass vor sehr, sehr langer Zeit einmal ein fürchterlicher Drache vor den Toren der Stadt hauste. Die grünen Augen des riesigen und furchteinflößenden Wesens leuchteten selbst bei Nacht gespenstisch und kalt, und in seinem gefräßigen Maul blitzten Hunderte von giftigen Zähnen. Schnaubend spie er Feuer, und sein grausiger Anblick versetzte selbst die mutigsten Männer der Stadt in Angst und Schrecken. Bald konnte niemand mehr Worms verlassen, denn der Drache fraß jeden, der sich aus den Toren herauswagte, einfach auf. Keiner wusste, wo das Ungeheuer plötzlich hergekommen war oder ob es irgendwo in der Nähe seine Höhle hatte. Wie aus dem Nichts war es aufgetaucht, kein Mensch vermochte es zu vertreiben oder gar zu töten. Selbst die großen Steine, die sie mit einer großen Wurfmaschine auf den Drachen schleuderten, konnten ihm nichts anhaben. Doch gab es immer wieder einige tapfere Männer, die sich mutig auf die Felder wagten, um Nahrung in die Stadt zu bringen. Doch niemand kehrte je wieder heim, und jedermann in der Stadt wusste, dass der Drache sie wohl gefressen hatte. Nur ein einziges Mal, nachdem fünf tapfere Freunde sich gemeinsam auf die Felder hinausgewagt hatten, kam einer zurück und berichtete davon, wie der Drache seine vier Freunde getötet und verschleppt hatte und wie er selbst nur mit größter Not entkommen war.

Nun drohte den Wormser Bürgern allmählich eine schlimme Hungersnot. Alle Waren, die mit dem Schiff über den Rhein herangebracht wurden, waren sehr teuer, und man musste dringend etwas unternehmen, um nicht am Ende zu verhungern. So wurde eine Versammlung einberufen, und man beschloss, dem Drachen ein Menschenopfer darzubringen, um ihn abzulenken. Während der Drache damit beschäftigt wäre, sein Opfer in seine Höhle zu bringen und dort zu fressen, sollten die anderen Bürger Zeit bekommen, Getreide, Früchte und Vieh in die Stadt zu holen. Niemand wagte sich gegen diesen Beschluss aufzulehnen, und so sollte unter den Knechten und Pfahlbürgern der Unglückliche ausgelost werden, der sich opfern musste. Als dies der Königin von Worms zu Ohren kam, missfiel ihr diese Regelung sehr, denn sie erschien ihr überaus ungerecht. Deshalb bestimmte sie, dass alle Bürger der Stadt, einschließlich der Königin selbst, an der Auslosung teilnehmen mussten. So kam es, dass von diesem Tage an alle Bewohner der Stadt vor dem Tage der schrecklichen Auslosung zitterten. Und wie es das Schicksal so wollte, begab es sich, dass nun just die Königin das tödliche Los zog. Die Bürger waren entsetzt, und einige wollten sich spornstreichs an ihrer Statt dem Drachen opfern. Doch die Königin, die erst vor kurzem zur Witwe geworden war, winkte nur ab, denn sie war wie jedermann bereit, dieses schwere Schicksal auf sich zu nehmen und für das Wohl der Stadt in den Tod zu gehen.

Am nächsten Morgen machte sich Hans, der älteste der Wormser Messerschmiede, mit langen Schritten auf den Weg zur Burg. Auf seiner Schulter saß Fred, sein zahmes Frettchen, das mit seinen kleinen klugen Augen seinem Ziel entgegensah. Es wusste sehr genau, was sein Herr vorhatte, denn es hatte die ganze Nacht auf seiner Schulter gesessen und zugehört. Auch wenn die Menschen es nicht ahnten, so verstand es jedes Wort ihrer Unterhaltungen. Zärtlich strich es an Hans' Hals entlang. Hans war ihm der Liebste von all den kräftigen Schmieden, bei denen es nun schon seit einiger Zeit lebte. Am Anfang war Hans nicht besonders begeistert über Freds Anhänglichkeit gewesen. Doch mittlerweile machte der Schmied keinen Schritt mehr ohne sein Haustier.

Als sie die Burg beinahe erreicht hatten, sprach Hans wie zu sich selbst: »Ich bin sehr gespannt, ob mich die Palastwachen überhaupt zur Königin vorlassen und was sie zu meinem Vorschlag sagen wird.«

Fred kroch unter Hans' weiten Überrock. Ihm war es völlig gleichgültig, ob die Königin den Vorschlag des Schmiedes erhören würde oder nicht. Undeutlich vernahm er, wie Hans mit der Palastwache sprach.

»Ich bitte darum, zur Königin vorgelassen zu werden.«

»Und was ist Euer Begehr?«

»Ich habe ihr einen Vorschlag zu unterbreiten.«

»Das wollen alle!«

»Ei gewiss! Aber ich vermag sie vor dem Drachen zu erretten!«

»Hm«, hörte Fred den Wächter sagen, »wenn Ihr das schafft, wären wir alle sehr glücklich. Darum will ich Euch zu ihr bringen. Wartet hier!«

»Frau Königin, Majestät«, erklang da Hans' Stimme, in der eine gewisse Aufregung nicht zu leugnen war. »Ich bin gekommen, Euch einen Vorschlag zu unterbreiten. Wie Ihr vielleicht wisst, betreibe ich mit meinen zwei jüngeren Brüdern eine Messerschmiede in der Stadt. Mit großem Schrecken haben wir vernommen, dass Ihr als Opfer für den Drachen bestimmt wurdet und ...«

»Schweigt! Wenn Ihr gekommen seid«, unterbrach ihn die Königin, »um an meiner Statt dem Drachen entgegenzutreten, muss ich Euch leider enttäuschen. Ich werde mein Los zum Wohle der Stadt erdulden.«

Indes schlüpfte Fred neugierig an den Rand des Überrocks, um einen kurzen Blick auf die Königin zu erhaschen. Doch diese entdeckte ihn sogleich, und anstatt erschreckt loszuschreien, wie es immerzu das Weibsvolk in der Stadt tat, lächelte sie nur.

»Ich will Euch Euren schweren Gang ja gar nicht abnehmen, doch möchte ich mich anerbieten, Euch zu geleiten.« Hans stutzte, als die Königin ihm ihre Hand entgegenstreckte.

Allein Fred wusste genau, was sie begehrte, und sprang zu ihr hinüber.

»Fred!«, schalt Hans und wollte nach ihm greifen. »Du solltest doch verborgen bleiben!«

»Nein, nein«, lachte die Königin und streichelte sanft über Freds samtiges Fell. »Schimpft nicht mit ihm! Ich habe ihn gelockt. Er ist ein so hübscher Kerl. Er ist mir schon bei der Auslosung aufgefallen, als er stocksteif auf Eurer Schulter saß. Wo habt Ihr ihn her?«

»Einer meiner Brüder fand ihn vor einiger Zeit verletzt und halb verhungert im Wald. Wir hatten ihn gesund gepflegt. Doch, o meine Königin, bin ich nicht meines kleinen Freundes wegen hier. Ich begehre Euch vor dem sicheren Tod zu bewahren.«

Fred blickte zur Königin empor, die ihn mit ihren klaren blauen Augen aufmerksam musterte. »Das ist sehr edel von Euch. Doch ich kann Euer Anliegen, für mich zu sterben, nicht annehmen, denn ich habe das Los selbst gezogen und werde zum Wohle der Wormser Bürger vor den Drachen treten. So will es das Schicksal.«

»Ihr habt recht, edle Königin. Ihr müsst Euch opfern, und ich will auch nicht an Eurer Statt gehen. Erlaubt mir lediglich, Euch voranzuschreiten und mit dem Ungeheuer zu kämpfen.« Die Königin streichelte nun Fred nicht mehr und widmete ihre ganze Aufmerksamkeit Hans. »Ihr wollt mit diesem Untier kämpfen, obwohl Ihr keine Aussicht auf Erfolg habt und der Drache uns am Ende beide fressen wird?«

Hans streckte seinen Arm aus, und Fred sprang wieder zu ihm hinüber. Lächelnd kraulte der Schmied das Frettchen am Hals. »Mag es so kommen, dann ist es eben unser beider Schicksal. Doch wenn ich den Drachen besiege, dann erlaubt mir, dass ich eine Belohnung verlange.«

»Welcher Art sollte diese Belohnung denn wohl sein?«, begehrte die Königin zu wissen.

»Ich will Euch dann als meine Braut nach Worms zurückführen.«

Die Königin lachte kurz auf und blickte Hans dann lange schweigend an. Dann sprach sie mit steinerner Miene und harter Stimme: »Ich habe also die Wahl zwischen meinem sicheren Tod und einer Ehe mit Euch, dem Messerschmied?«

»Das ist mein Angebot«, erwiderte Hans, »und es liegt an Euch, ob Ihr es annehmen wollt oder nicht.«

Die Königin schritt eine Weile auf und ab und hub dann an: »Wisset, es ist überaus vorlaut von Euch, mir solch einen Vorschlag zu unterbreiten.«

»Verzeiht mir, o edle Königin! Es ist mein fester Wille, mich für Euch der Gefahr auszusetzen. Ich bin bereit, mein Leben für Euch zu opfern. Ihr habt die Wahl und könnt meinen Vorschlag rundweg ablehnen. Doch wenn Ihr einwilligt, dann vermögt Ihr vielleicht zu überleben.«

»Nun, ohne Eure Hilfe scheint mein Leben in der Tat verwirkt. Da habt Ihr völlig recht.« Sie blieb dicht vor ihm stehen und blickte ihm tief in die Augen. »Aber Eure Forderungen sind recht unverschämt.«

»Es betrübt mich sehr, wenn mein Angebot Euch verletzt. Dann will ich meinen Vorschlag sofort zurückziehen. Keineswegs hatte ich die Absicht, Euch zu beleidigen oder gar zu kränken.«

»Nun wollt Ihr also doch nicht mehr für mich in den Kampf ziehen? Andere Ritter würden solches für ihre Königin tun, ohne derartige Forderungen zu stellen.«

»Das mag wohl so sein, Königin«, entgegnete Hans. »Ich aber bin nur ein einfacher Schmied, und ich bin es gewohnt, gerechten Lohn für meine Arbeit zu erhalten.«

Da begann die Königin plötzlich zu lachen, und Hans senkte den Kopf. »Ich will mich nun wohl besser zurückziehen«, murmelte er und machte einen Schritt in Richtung der Tür.

»Haltet ein und schweiget«, erwiderte die Königin, »obwohl mich Eure Frechheit mächtig überrascht, will ich Eure Bedingungen annehmen und Euch mein Leben anvertrauen. Sollte es Euch gelingen, den Drachen zu besiegen, dann will ich Eure Braut sein.«

Hans blieb wie angewurzelt stehen und sprach voller freudiger Erwartung und mit Herzklopfen: »Es soll Euch nicht zum Nachteil gereichen. Ich werde Euch vor dem Ungeheuer dort draußen beschützen.«

Die Königin wandte sich um und schritt zur Türe. »Dann wollen wir uns an meinem Schicksalstage an dem Stadttor treffen und dem Drachen gemeinsam gegenübertreten. Bis dahin nutzet die Euch noch verbleibende Zeit trefflich.«

»Das will ich, o meine Königin«, antwortete Hans, griff nach Fred, steckte ihn zurück unter seinen Überrock und verließ eilends die Burg. Als er aus dem Burgtor getreten war, zog er das Frettchen hervor.

»Na, mein kleiner Freund, das war aber sehr ungezogen von dir. Stell dir nur vor, die Königin hätte sich vor dir geängstigt, so wie die Wirtstochter vor einigen Tagen. Dann hättest du meinen ganzen schönen Plan verdorben.« Doch Fred sprang auf seine Schulter und schüttelte sich nur.

In den folgenden Tagen hatte Hans keine Zeit für seinen kleinen Freund. Er verbrachte die ganze Zeit mit seinen Brüdern in der Schmiede, und gemeinsam schmiedeten sie einen stählernen Harnisch, der vom Kopf bis zu den Zehen mit Dornen besetzt war. Als Fred einmal über den Panzer lief, verletzte er sich sofort an den scharfen Spitzen. »Siehst du«, schalt ihn Hans. »Du bleibst besser draußen. Dieser Harnisch ist viel zu gefährlich für dich!«

Dann kam der Tag, an dem Hans die Rüstung zum ersten Male anzog und mit Speer, Schwert und Schild bewaffnet von seinen Brüdern zur Stadtmauer geleitet wurde. Am Stadttor erwartete die Königin mit ihren Zofen die Schmiede. Sie trug ein einfaches weißes Kleid, und ihre weichen Locken fielen lose über ihre Schultern. Fred, der auf der Schulter von Hans' jüngerem Bruder saß, wäre gerne zu ihr hingelaufen, doch war die Entfernung einfach zu groß. Nun schritt Hans langsam auf die Königin zu und verbeugte sich vor ihr. Außer dem leisen Schluchzen der Frauen ließ sich kein Laut vernehmen. Fred konnte sehr deutlich die Angst der Menschen riechen. Hans klappte sein Visier hoch und sah zu seinen Brüdern und zu Fred hinüber.

»Wohlan, frischauf ins Feld. Ich will es wohl schaffen«, munterte er seine Brüder auf. Als Fred Hans' Stimme vernahm, vergaß er seine Scheu und wollte geschwind an seinem Bein hinaufklettern.

»Nein, Fred, nein!«, schimpfte Hans und griff nach dem kleinen Tierchen.

»Wartet!«, rief in diesem Moment die Königin. »Gebt mir den kleinen Helden.«

»Es ist viel zu gefährlich!«, erwiderte Hans und blickte Fred erbost nach, der aber spornstreichs auf den dargebotenen Arm der Königin sprang.

»Warum so böse auf den tapferen, kleinen Kerl? Er begehrt in der Stunde der größten Not bei seinem Freund zu sein. Einen größeren Beweis seiner Liebe vermag ich mir kaum vorzustellen. Jetzt habt Ihr gleich doppelten Grund, das Ungeheuer zu töten.«

Ein Raunen ging durch die Menge. »Ja, meine lieben Bürger von Worms! Unser tapferer Schmied Hans wird mich auf meinem Gang begleiten. Ihm soll das schier Unmögliche gelingen, den Drachen zu besiegen!«

Vereinzelter Beifall ließ sich vernehmen. Doch tief in seinem Herzen glaubte niemand, dass Hans die Oberhand über das Untier behalten würde, und daher schwiegen die meisten Bürger der Stadt in diesem besonders traurigen Moment.

Doch Hans ließ sich durch all dies nicht beirren. Er drehte sich schroff herum und klappte sein

Visier hinunter. Just in diesem Moment wurden die Türflügel des Stadttores geöffnet. Da hielten alle Bürger den Atem an, denn dies war jedes Mal ein überaus gefährlicher Augenblick. Jedermann befürchtete, dass der Drache dann in die Stadt eindringen könnte. Hans trat als Erster hinaus. Als auch die Königin das Tor passiert hatte, wurde es sofort wieder geschlossen. Hans tat einen Schritt voran und Fred bemerkte, wie die Königin vor Furcht zu zittern begann. Niemand wusste, was sie hier draußen erwarten würde.

In diesem Moment vernahmen sie ein durchdringendes Knurren, Fauchen und Brüllen. Sie wandten ihre Köpfe und sahen den grauslichen Drachen auf sich zustürmen. Mit seinen kalten Augen blickte er sie gierig an, und ellenlange Flammen schossen aus seinen Nasenlöchern. Fred wollte fliehen, doch die Königin hatte beide Hände um ihn gelegt und drückte ihn fest an sich. Als der Drache schnell immer näher kam, machte die Königin ein paar Schritte rückwärts, während Hans dem Untier bewegungslos entgegensah und weder Schwert noch Speer hob.

»Unternehmt doch etwas!«, schrie die Königin. »Erschlagt ihn!«

Der stechende Geruch des Drachen drang Fred in die Nase, und er hatte in seinem ganzen Leben noch nie solche Angst ausgestanden. Das Ungeheuer stampfte mit großen Schritten auf Hans zu, und bei jedem einzelnen Schritt bebte der Boden unter seinen massigen, mit langen Krallen bewehrten Füßen. Sein schwerer Körper war mit zahllosen grünen Schuppen gepanzert und eine Reihe spitzer Stacheln verlief von seinem Kopfe hinunter bis zum Ende seines langen Schwanzes, der nun vor Erregung hin und her schlug. Plötzlich riss er sein riesiges Maul auf und entblößte seine messerscharfen Zähne. Mit einem tiefen, bösen Knurren stürzte sich der Drache auf Hans und verschlang ihn mitsamt seiner Rüstung!

»Nein!«, schrie die Königin zitternd auf. »O nein!« Von Furcht gepeinigt ging sie rückwärts, wobei sie den Drachen nicht aus den Augen ließ. Dieser blieb für einen kurzen Moment regungslos sitzen. War er etwa schon satt und ließ von ihnen ab? Doch plötzlich setzte er sich wieder in Bewegung und stürmte auf sie zu. Sein gieriger Rachen war weit geöffnet, und Fred konnte den heißen Atem des Lindwurms spüren. Die Königin blieb plötzlich stehen und fiel auf die Knie. Dabei senkte sie schluchzend den Kopf. Fred verstand dies nicht. Warum lief sie nicht davon? Er versuchte sich aus ihrer Umklammerung zu lösen, doch sie hielt ihn mit aller Kraft fest. »Jetzt ist es um uns geschehen«, flüsterte die Königin und drückte ihr Gesicht in Freds weiches Fell.

Doch da hielt der Drache plötzlich mitten in seiner Bewegung inne. Sein Kopf fuhr in die Höhe und er stieß ein markerschütterndes Gebrüll aus. Sein Körper bäumte sich zu voller Höhe auf, und er stampfte mit seinen mächtigen Hinterfüßen auf dem Boden herum. Fred und die Königin schien er in diesem Moment völlig vergessen zu haben. Hin und her wandte er sich, als peinigten ihn höllische Schmerzen. Das Untier schien von einer unendlichen Qual geschüttelt und wandte sich um. Doch es kam nur wenige Schritte weit, und Fred gewahrte, wie ein spitzer, blinkender Gegenstand aus dem Bauch des Drachen zum Vorschein kam. Das Ungeheuer brüllte weiterhin vor Wut und Schmerz und wand sich in seiner Pein wie ein Wurm.

»Mein Gott«, hörte Fred die Königin schluchzen, und er sah, wie Tränen über ihr Gesicht liefen.

Plötzlich schoss ein Sturzbach von Blut aus dem Leib des Drachen. Aus seiner Kehle drang ein unheimlicher Laut, und der spitze Gegenstand stach nun immer schneller aus seinem Leib hervor. Da sah Fred, dass sein Freund Hans sich durch das Fleisch und die gepanzerte Haut des Biests nach draußen zu kämpfen suchte. Über und über mit Blut besudelt trat Hans aus dem Bauch des Ungeheuers hervor, und nun wusste Fred, warum der Drache sich so gewunden hatte: Hans hatte ihn mir nichts, dir nichts einfach von innen heraus in Stücke gehauen. Doch schien dieser mit seinen bisherigen Taten noch nicht zufrieden. Er trat an den zuckenden Kopf des Drachen heran, hob mit einem lauten Schrei sein mächtiges Schwert und stach seinem Feind beide Augen aus. Dann sank er erschöpft zu Boden. »Hans!«, rief da die Königin und ließ nun endlich den armen Fred los. Doch dieser war vor Schreck so starr, dass er unsanft zu Boden fiel und liegen blieb. Die Königin lief zu Hans und klappte vorsichtig das Visier seines Helms hoch. »Hans!«, rief sie abermals. »Es ist Euch geglückt! Der Drache ist besiegt. Ihr habt mich gerettet und die Stadt befreit!«

Da öffneten sich die Stadttore, und die Wormser strömten hinaus. Jetzt endlich kam auch wieder Leben in Fred. In großen Sätzen sprang er Hans' jüngstem Bruder entgegen und verkroch sich in dessen Rock.

»Lebt er noch?«, hörte er Hans' älteren Bruder rufen.

»Er atmet noch«, erwiderte die Königin. »Doch er muss sofort in meine Gemächer gebracht werden, damit wir ihn pflegen können. Er hat uns allen einen großen Dienst erwiesen.«

Donnernder Applaus und freudetrunkener Gesang drangen aus allen Ecken. Endlich konnten die Wormser Bürger aufatmen und wieder zu ihrem Alltag zurückkehren, und das verdankten sie einzig Hans mit seinem stählernen Harnisch.

Hans wurde von seinen Brüdern in die Burg der Königin gebracht, wo er sich schnell von seinem Abenteuer erholte. Er hatte keinerlei Verletzungen davongetragen, denn seine Rüstung hatte ihn bestens geschützt.

Die Königin aber hielt ihr Wort, und nach wenigen Wochen wurde eine große Hochzeit gefeiert. Viele von nah und fern nahmen an dem Fest teil. Und die Steinmetze der Stadt verewigten die Königin, den Messerschmied und den Drachen über dem Rathaustor. Nur der kleine tapfere Fred wurde vergessen, und nur ganz wenige erinnern sich heute noch an ihn.

Das Lumpenglöckchen

Es mögen viele nicht wissen, aber die Frauen in Mainz hatten schon immer mehr in der Ehe zu sagen als die Frauen andernorts. Vielleicht liegt es daran, dass sie – obwohl sie in Wahrheit meistens ihren Willen durchsetzen, ohne dass es das Mannsvolk überhaupt bemerkt – sich ihren Männern gegenüber immer bescheiden und demütig zeigen. Sie legen keinen Wert darauf, ihre Stärke in die Welt hinauszuposaunen. Sie genießen ihre Erfolge im Stillen und würden es niemals vor anderen zugeben. So mag es auch nicht verwundern, dass sie vor vielen Jahren einmal beschlossen, sich zusammenzuschließen, um ihren Männern eine Lektion zu erteilen. Es gab nämlich einmal eine Zeit, da wollten die Männer in Mainz sich nicht an die Sperrstunde halten. Alles Bitten und Schimpfen nützte nichts. Sie achteten nicht auf die Wünsche ihrer Frauen und blieben bis spät in die Nacht hinein im Wirtshaus.

»Nun schweigt doch einmal für einen kurzen Moment still!«, rief die Bäckersfrau Hildegunde in die Runde. »Wenn ihr alle gleichzeitig schnattert, werden wir niemals zu einem vernünftigen Ende kommen.«

»Wir müssen uns etwas sehr Wirkungsvolles ausdenken!«, rief die Tuchmacherin in das Geschrei hinein. »So kann es auf keinen Fall weitergehen!«

»Nein«, pflichtete ihr die Frau des Schmiedes bei, »jedes Mal missachten sie das Horn des Nachtwächters!«

»Ja!«, kreischte des Schneiders Frau mit ihrer hohen Stimme, »mein Gatte glaubt, dass zur elften Stunde die Zeit in Mainz stehen bleibt! Besonders an den Abenden, an denen wir wichtige Dinge besprechen müssten, bleibt der Herr des Hauses bis in die Morgenstunden im Gasthaus.«

»Himmel!«, schrie Hildegunde so laut sie es vermochte und klopfte mit ihrem Kelch auf den Tisch. »Könntet ihr endlich einmal mit diesem Geschrei aufhören? Kein Wunder, dass alle Männer lieber im Wirtshaus verschwinden, wenn ihr immer sofort so herumschreit!«

»Nun«, kicherte Helena, die Gattin des Wirtes, »dann wirst du wohl am lautesten schimpfen, denn dein Gatte ist immer der letzte Gast in unserem Wirtshaus.«

Hildegunde stemmte die Hände in ihre breiten Hüften und blickte wütend auf die wesentlich kleinere Wirtsfrau herab. »Was genau willst du damit sagen? Dein Mann wird es wohl ähnlich halten, sonst wärest du wohl kaum hier!«

Charlotte, die Frau des Barbiers, stellte sich auf einen Stuhl und klatschte in beide Hände. »Jetzt streitet euch doch nicht! Unsere Männer geben alle nicht Acht auf die Nachtstunde! Der eine mal mehr und der andere mal weniger. Wichtig ist aber, dass uns eine gute List einfällt, wie wir sie dazu bringen können, rechtzeitig daheim zu sein.«

»Ja, mit Drohungen und mit dem Holzbesen haben wir es bisher nicht fertiggebracht!«

Alle Frauen im Raum schwiegen und nickten still in Hildegundes Richtung, die wieder am Tisch Platz genommen hatte.

»Wohl wahr«, murmelte Charlotte, »einmal habe ich meinem Mann in der Wut so schlimm den Besen vor den Arm geschlagen, dass er mehrere Tage nicht arbeiten konnte.«

»Ja, es sollte etwas sein, das diesem Lumpenpack mächtig in die Glieder fährt, sodass ihm vor Schreck die Ohren klingeln!«

»Hm, etwas, das ihnen einen gehörigen Schrecken einjagt?«, murmelte Maria, die Frau des Weinhändlers. »Vielleicht kommt mir da ein Einfall.«

»Willst du uns nicht verraten, was dir da gerade im Kopfe herumgeht?«

»Gerne«, antwortete Maria, »doch mein Plan hat seinen Preis, und bevor ich ihn euch offenbare, begehre ich von euch wissen, ob ihr willens seid, etwas von eurem Hab und Gut zu entbehren?«

»Ich bin gerne bereit, jeden Taler und Pfennig zur Seite zu legen, damit wir unseren Männern eine Lektion erteilen können!«, rief des Schneiders Weib, und alle anderen Frauen nickten.

»Dann schlage ich vor, wir treffen uns in zwei Wochen zur gleichen Zeit wieder hier an diesem Ort. Wenn das Geld für meinen Plan dann reichen sollte, werde ich euch darob einweihen, was genau mein Einfall ist. Bis dahin ...«

»Was soll das heißen? Willst du uns nicht vorher schon verraten, worum es dabei geht?«, rief Helena aufgebracht dazwischen.

»Nein, erst einmal wollen wir sehen, ob wir die nötigen Taler zusammenbekommen. Außerdem wollen wir alle noch einmal nachdenken. Vielleicht hat ja irgendjemand von uns einen noch besseren Einfall.«

»Deine Geheimniskrämerei deucht mich völlig unbillig!«, knurrte Charlotte. »Wenn ich Geld ausgebe, dann will ich auch wissen, wofür!«

»Das sehe ich genauso«, pflichtete Hildegunde ihr bei, »erzähl uns, welchen Plan du verfolgst. Ob du es uns jetzt oder erst nächste Woche offenbarst, bedeutet doch keinen Unterschied.«

»Ja«, erklang es da aus allen Ecken, »erzähle uns von deinem Plan!«

Maria schwieg einen Augenblick und nickte dann. »Wie ihr wollt!« Sie sah erwartungsvoll in die Runde. Dabei blieb ihr Blick an Mechthild hängen, die in der hintersten Ecke saß. »Doch lasst mich erst mit Mechthild bereden.« Sie stand auf, stellte sich neben Mechthild, die Frau des Glockengießers, beugte sich zu ihr hinunter und flüsterte etwas in ihr Ohr.

Die anderen Frauen beobachteten dies gespannt, und umso länger es andauerte, umso unruhiger wurden sie.

»Himmel, Maria! Nun spann uns doch nicht so auf die Folter! Was genau begehrst du zu tun?« Charlotte sprang von ihrem Stuhl auf und lief hin und her.

»Was ist nun?«, schrie nun Helena aufgebracht in die Runde. »Hört endlich auf zu flüstern und sagt uns, was ihr da ausheckt!«

Maria seufzte kurz und wandte sich dann zu Helena: »Ich will eine Glocke gießen lassen!«

Für einen kurzen Moment herrschte in dem Raum Totenstille.

»Du willst eine Glocke gießen lassen? Wozu?«

»Diese hängen wir auf dem Marktplatz zwischen all den Wirtshäusern auf. Wenn nun die Nachtstunde beginnt, werden wir sie kräftig läuten lassen! Ich bin mir gewiss, dass unser Mannsvolk in den ersten Tagen mächtig erschrecken und das Wirtshaus geschwind verlassen wird!«

»Aber«, gab Maria zu bedenken, »so eine Glocke ist teuer, und Mechthild muss sie von ihrem Gesellen gießen lassen, damit ihr Mann, der Glockengießer, davon nichts mitbekommt. Sonst würde er es den anderen Lumpen im Wirtshaus erzählen, und unser schöner Plan würde völlig fehlgehen!«

Charlotte klatschte in die Hände! »Deine Idee gefällt mir sehr! Wir werden am Marktplatz ein Lumpenglöckchen aufhängen lassen! Ach Mechthild, hoffentlich zeitigt dein Vorhaben ein gutes Gelingen. Das wäre ein großer Spaß!«

»Das wird mir schon wohl geraten!«, lachte Mechthild. »Unser Geselle wird mir diesen Dienst nicht verwehren. Er hat in jüngster Zeit bei meinem Gatten etwas Unmut erregt und wird ständig gemaßregelt. Es wird ihm eine Freude sein, uns zu helfen! Und das Geld werden wir schon noch zusammenbekommen!«

Freudig lachend und schwatzend saßen sie noch beisammen, bis es an der Zeit war, sich auf den Heimweg zu begeben. Von diesem Tag an begannen die Weiber, hier und dort ein paar Taler zur Seite zu legen, ohne dass ihre Männer etwas davon gewahrten. Und dann, eines schönen Nachmittags, ließen sie an der vereinbarten Stelle eine hübsche Glocke aufhängen. Der Geselle des Glockengießers erklärte sich bereit, die Glocke genau zur elften Stunde am Abend zur Heimkehr zu läuten. Und so geschah es auch, und sie erklang klar und deutlich durch die Gassen, und sie war besser zu hören als das Horn des Nachtwächters. Alle Frauen warteten gespannt, ob ihre Männer der neuen Glocke Folge leisten würden. Und siehe da, alle traten zutiefst erschrocken die Heimkehr an.

Die Legende vermag allerdings nur zu berichten, dass das Glöckchen seine Wirkung in den ersten Tagen nicht verfehlte. Ob das später auch noch so war, geht aus ihr leider nicht hervor. Doch der Name »Lumpenglöckchen« blieb bis heute überliefert – vielleicht immer noch ein Zeichen dafür, dass die Mainzerinnen viel zu sagen haben? Denn wer sonst würde einem harmlosen Glöckchen so einen gestrengen Namen geben?

Der Schelm von Bergen

Vor vielen hundert Jahren wurden einmal in Frankfurt am Main große Feierlichkeiten zu Ehren des Kaisers abgehalten, darunter ein großer Mummenschanz. Alle Fürsten und Grafen der Umgebung legten ihren besten Schmuck an und wetteiferten in den ausgefallensten Masken um die Gunst des Kaiserpaares.

Maria stand am Rande des bunten Treibens und schaute gebannt auf die funkelnden Gewänder der hohen Damen und Herren. Sie vermochte nicht zu sagen, wer sich von beiden mehr für das Fest herausgeputzt hatte. Alle leuchteten und glitzerten im Schein der Kerzen. Sie fühlte tiefen Stolz in sich aufsteigen, denn sonst half sie eigentlich im Wirtshaus ihres Vaters aus. Dort hatte sie an einem Abend ein Gespräch belauscht, in dem besprochen wurde, wo sich die zusätzlichen Bediensteten für das heutige Fest einfinden sollten. Sie hatte sich einfach als eine solche ausgegeben, und niemand hatte etwas bemerkt. So hatte sie jetzt die Möglichkeit, das Kaiserpaar aus der Nähe betrachten zu können. Ob der Kaiser ahnte, dass sich eine einfache Wirtstochter unter seine Bediensteten geschmuggelt hatte? Sie begann lächelnd, die leeren Kelche mit Wein zu füllen. Das würde eine Freude werden, wenn sie ihren Freundinnen von dem bunten Treiben berichtete.

Just in diesem Moment öffnete sich die Tür, und ein neuer Gast betrat den Raum. Er erschien in voller Rüstung, sein heruntergeklapptes Visier wurde von einer schwarzen Feder geziert und seine Rüstung schimmerte schwarz im gelben Glanz der Kerzen. Marie zog die Augenbrauen zusammen. Sie konnte nicht erkennen, wer sich hinter dem Visier versteckte, doch sein Gang kam ihr seltsam vertraut vor. Ihr war, als hätte sie jenen schon einmal gesehen. Sie blickte verstohlen zu dem Ritter hinüber, der ernst am Rande stehen blieb und sich von dem bunten Treiben nicht anstecken ließ. Sie gewahrte sehr wohl, dass ein Raunen durch die Menge ging und viele der hohen Damen ihren Hals reckten. Doch niemand wagte es, den ernsten, stummen Ritter anzusprechen. Marie schüttelte den Kopf, nein, sie musste sich täuschen. Diesen Herrn konnte sie unmöglich kennen. Dennoch flogen ihre Blicke immer wieder zu dem geheimnisvollen Fremden hinüber, den das rege Interesse um seine Person nicht scherte. Auch sie konnte sich seiner Ausstrahlung nicht entziehen.

Nach einiger Zeit bahnte sich der Fremde einen Weg zu dem Kaiserpaar.

»Hochwohlgeborene Majestät, meine Kaiserin«, hörte Marie ihn mit wohlklingender Stimme sprechen, und sie sah, wie er vor der Kaiserin auf die Knie sank. »Bitte verzeiht mein forsches Auftreten. Ich weiß wohl um mein vorlautes Benehmen.« Bei diesen Worten senkte er demutsvoll das Haupt. »Doch nichts würde mein Herz mehr erfreuen, als meiner Kaiserin die Hand zum Tanze reichen zu dürfen.«

Ein Raunen ging durch den Saal. Niemand der edlen Herren hatte es bisher gewagt, die Kaiserin persönlich um einen Tanz zu bitten.

Die Kaiserin blickte auf das gesenkte Haupt des Ritters hinunter. Maria vergaß vor Aufregung ihre Arbeit und starrte reglos auf den geheimnisvollen Mann in der schwarzen Rüstung. Mittlerweile war es in dem Festsaal ganz still geworden, denn alle erwarteten die Antwort der Kaiserin. Selbst der Kaiser bedachte sie mit einem unergründlichen Lächeln. Die Kaiserin erhob sich. »Gerne will ich Eurem Wunsche entsprechen«, antwortete sie und reichte ihm die Hand. Mit ihren Worten löste sich die Spannung, und die Paare begaben sich auf die Tanzfläche. Der schwarze Ritter verneigte sich vor der Kaiserin, und sie begannen zu tanzen. Anmutig glitt das Paar über das Parkett, und Maria dachte, dass sie noch nie einen solch guten Tänzer gesehen hatte. Sie versuchte, näher an die Tanzfläche heranzukommen, denn sie war neugierig, worüber sich die Kaiserin und der Fremde unterhielten. Es war nicht zu übersehen, dass die Kaiserin der Rede des Ritters entzückt folgte. Leider gab es im Raum aber auch noch viele Damen und Fürsten mit ausladenden Roben, die ebenfalls einen Blick auf das Paar erhaschen wollten und ihr somit die Sicht versperrten. Daher blieb ihr nichts anderes übrig, als das Paar aus der Entfernung zu betrachten. So verging die Zeit, und Marie war nicht verwundert darob, dass die Kaiserin dem Fremden einen zweiten und gar einen dritten Tanz gewährte.

»Wer wohl der geheimnisvolle Fremde ist?«

»Ob es ein Freund des Kaiserpaares ist?«

»Wir werden es um Mitternacht erfahren!« Marie nahm einzelne Gesprächsfetzen um sich herum auf und merkte, dass niemand im Saal zu wissen schien, wer der schwarze Ritter war.

So verging die Zeit. Der Schwarze tanzte viel und benahm sich den Adeligen gegenüber überaus höflich. Marie sah immer wieder zu ihm hinüber, und sie war voller Vorfreude auf den Augenblick, in dem all die hohen Damen und Herren ihre Masken lüften würden. Punkt Mitternacht sollte es so weit sein, und die Turmuhr hatte bereits vor geraumer Zeit die elfte Stunde geschlagen. Da gewahrte sie, wie sich der schwarze Ritter vor der Kaiserin verneigte und sich daraufhin zurückzuziehen anschickte. Wollte er etwa vor dem zwölften Glockenschlag das Fest verlassen?

»Bleibt hier, mein geheimnisvoller Ritter«, rief die Kaiserin durch den Saal, und der Fremdling blieb zögernd stehen. »Gleich schlägt die Turmuhr Mitternacht, und dann fallen alle unsere Masken!«

»Zeigt uns, wer Ihr seid!«, schallte es jetzt aus allen Ecken des Saales.

»Es wird Euch sicherlich keine Freude bereiten, mein Gesicht zu sehen«, erwiderte der Ritter mit sanfter Stimme. »Lieber wollen wir das Geheimnis wahren und ich gehe, wie ich gekommen bin.«

»Oh nein, mein fremder Tänzer wird seiner Kaiserin doch wohl nicht einen Wunsch verwehren. Ich begehre doch zu wissen, wer mein galanter Tänzer ist!«

»Oh, meine Herrscherin wird enttäuscht sein, wenn sie mein Gesicht sieht!«

»Das sollte der Herr wohl besser mir überlassen, dies zu entscheiden.«

»Trotzdem muss ich Euch diesen Wunsch wohl verwehren!«

Die Kaiserin sprang auf. »Wie? Was maßt Ihr Euch an?« Hoheitsvoll blickte sie auf ihn hinab. Ihre bleiche Gesichtsfarbe spiegelte ihre Empörung wider.

»Wenn Ihr meiner Bitte nicht freiwillig nachkommen wollt, dann muss ich es Euch wohl befehlen!«

Stille breitete sich aus. Niemand wagte auch nur zu atmen.

»Wenn meine Kaiserin es mir befiehlt, dann will ich diesem Befehl natürlich sofort Folge leisten«, antworte der fremde Ritter, »aber wohl ist mir dabei nicht ums Herz.« Mit diesen Worten streifte er seinen Helm ab und senkte demütig das Haupt vor der Kaiserin.

Marie reckte den Hals, um einen Blick auf den Unbekannten erhaschen zu können. Als ihr dies gelang, stockte ihr der Atem. Jetzt wusste sie, warum er ihr bekannt vorgekommen war.

»Wer ist nun dieser Fremde? Sein Gesicht ist mir gänzlich unbekannt.«

»Auch ich kann mich nicht erinnern, ihm jemals begegnet zu sein.«

»Die Kaiserin scheint ihn auch nicht zu kennen, denn sie blickt ihn immer noch schweigend an.«

Marie lächelte vor sich hin, als sie all die Stimmen um sich herum wahrnahm. Sie hätte den hohen Herrschaften sagen können, wer dort vor der Kaiserin kniete, doch ihre Stimme hatte ja hier bei den erlauchten Damen und Herren kein Gewicht. Darum blieb sie stumm.

Da brach plötzlich in der Nähe der Tür ein lauter Tumult los. Der Kaiser, der das ganze Treiben bisher regungslos beobachtete hatte, erhob sich. »Was ist dort bei der Türe los?«, rief er quer durch den Raum.

Einer der Fürsten drängte sich durch die Menge und kniete vor dem Kaiser nieder. »Mein Herrscher, wir sind gewahr geworden, wer jener Fremde wohl ist!« Sein Blick flog hinüber zu dem schwarzen Ritter, und der Widerwille war in seinen Augen deutlich zu erkennen. »Man mag es kaum glauben, welch Frevel hier im Gange ist!« Er machte eine kurze Pause und holte tief Luft. »Es ist der Scharfrichter von Bergen!«

Sofort hub ein wildes Geschnatter und Geschrei an, und der Kaiser blickte rundum durch den Saal. Als es endlich wieder ruhiger wurde, wandte er sich abermals an den Fürsten.

»Könnt Ihr diese Behauptung beweisen? Seid Ihr diesem Manne bereits früher schon einmal begegnet?«

»Nein, mein Kaiser. Mit solch niederen Menschen pflege ich keinen Umgang!«

Marie zuckte bei diesen Worten zusammen, denn sie verrieten deutlich die Abscheu, die in ihnen steckte.

»Die Hauptleute, die draußen vor der Türe stehen, haben ihn erkannt. Und sie müssen es ja wissen!«

Kaum hatte der Fürst zu Ende gesprochen, da brach der Tumult von Neuem los. »Ruhe!«, donnerte die Stimme des Kaisers durch den Saal. Sofort kehrte Totenstille ein. Dann wandte sich der Kaiser mit zorniger Miene dem Scharfrichter zu. »Es ist ungeheuerlich, wenn es denn der Wahrheit entspricht. Also sage: Bist du der, für den dich die Wachleute halten?«

»Ja, mein Kaiser. Es entspricht der Wahrheit.«

»Das ist ungeheuerlich, was hier geschehen ist!«, schrie der Kaiser wutentbrannt. »Dies ist Majestätsbeleidigung. Du hast die Krone beschmutzt und die Kaiserin entwürdigt. Für dieses Vergehen sollst du die schwerste Strafe erleiden, die es gibt. Sterben sollst du, Elender!«

Marie hielt erschrocken den Atem an. Das war fürwahr eine schlimme Strafe.

Da warf sich der Scharfrichter dem Kaiser zu Füßen. »Ich habe fürwahr gefrevelt, mein Kaiser, an Euch und an Eurer Gemahlin. Aber die Schmach, die ich Eurer erlauchten Gattin zugefügt habe, kann mit meinem Blut nicht abgewaschen werden. Bitte lasset darum Gnade walten.«

Der Kaiser blickte auf den Scharfrichter herab und schwieg.

»Ich bitte meinen Kaiser untertänigst, dem Worte seines Knechtes zu lauschen und zu vernehmen, mit welchem Mittel meine Schuld getilgt werden kann.«

Marie bemerkte, wie die Fürsten den Atem anhielten. So viel Kühnheit verschlug ihnen wahrlich die Sprache.

»Gewährt mir den Ritterschlag«, sprach der Scharfrichter weiter, »dann ist die Schande getilgt und ich werde von diesem Tage an die Ehre meiner Herrin mit meinem Leben verteidigen. Ich will jedem den Handschuh hinwerfen, der ungehörig von meiner Herrin zu sprechen wagt!«

Sinnend sah der Kaiser den kühnen Mann an. Aller Augen wanderten zwischen ihm und dem Scharfrichter hin und her. Wie würde sich der Kaiser entscheiden?

»Du bist in der Tat ein Schelm«, brach dieser nach einiger Zeit das Schweigen, »aber deine Worte zeugen von Klugheit, und an Mut mangelt es dir wahrlich nicht.« Marie glaubte ein belustigtes Aufblitzen in des Kaisers Augen zu entdecken. »Wohlan«, sprach dieser weiter und griff nach seinem Schwerte, »dann erhebt Euch als Ritter!« Mit diesen Worten berührte er mit der Spitze seines Schwertes die Schulter des knienden Mannes. »Eure Tat war fürwahr ein tolles Schelmenstück. Darum soll Euer künftiger Name Schelm von Bergen sein!«

Ein Raunen ging durch den Saal, und die Edelleute schienen wie aus einer Starre zu erwachen. Es ließ sich sowohl Jubel als auch ärgerliches Gemurmel vernehmen. Der Kaiser gab dem frischgebackenen Ritter ein Zeichen, sich zu erheben. Marie gewahrte noch, wie der Ritter Schelm von Bergen die zierliche Hand der Kaiserin ergriff, die lächelnd neben ihn getreten war. Dann versperrten ihr die Gäste die Sicht. Erst viel später sah sie, wie der nunmehr echte Ritter im zierlichen Tanz mit der Kaiserin durch den Saal schwebte.

Fleißige Historiker haben herausgefunden, dass zur Zeit der fränkischen Kaiser im Jahre 1090 zum ersten Mal ein Eberhard Schelm von Bergen urkundlich erwähnt wurde. Fast achthundert Jahre lässt sich von da an das alte Geschlecht weiter verfolgen. Erst 1844 verstarb auf seinem Adelssitz der letzte Schelm von Bergen. Was aber nicht bedeutet, dass es heute keine Schelme mehr gibt.

Die Weinkenner von Kloster Eberbach

In der Nähe von Eltville am Rhein befindet sich das weit über die Landesgrenzen hinaus bekannte ehemalige Zisterzienserkloster Eberbach. Es wurde 1136 vom heiligen Bernhard von Clairvaux gegründet und ist eine wahre Perle der mittelalterlichen Bau- und Weinbaukunst. Noch heute faszinieren neben den stolzen Klosterbauten die langen, hochgewölbten Kellerräume und ihr kostbarer Inhalt. Hier lagerten schon zu den Zeiten in langen Reihen die dickbäuchigen Fässer, als noch Mönche in den Klostermauern lebten. Die Fässer enthielten den Ertrag von den fast 300 Hektar großen Anbauflächen des größten mittelalterlichen Weingutes von ganz Europa. Zu jener Zeit wurde dieses unterirdische Reich von einem Kellermeister verwaltet, dem Bruder Cellerar.

Langsam schritt der Bruder Küchenmeister durch die langen Reihen mit den großen Fässern und hielt Ausschau nach seinem Freund, dem Bruder Cellerar.

»Bruder Cellerar«, rief er durch den langen, gewölbten Kellerraum, »wo bist du?«

»Ich bin hier hinten«, erklang es aus einer Ecke.

Bruder Küchenmeister wandte sich um und ging langsam in die Richtung, aus der die Stimme erschollen war.

»Was machst du denn hier unten in der hintersten Ecke des Weinkellers?«, begrüßte er seinen Freund. »Wir haben dich bei der Sext und beim Mittagsmahl vermisst.«

Der Bruder Cellerar kam hinter einem Fass hervor und sah seinen Freund missmutig an.

»Mir ist der Appetit vergangen«, murmelte er und sah wieder auf das Fass hinunter, vor dem sie standen.

»Was grämt dich denn so sehr, dass du mein Mahl verschmähst?«

»Ach, es ist mein Schmerzenskind, das mir Kummer bereitet. Ich weiß einfach nicht, was es hat.«

»Dein Schmerzenskind?«

»Ja, schau hier«, dabei zeigte der Bruder Cellerar auf ein Fass in der Ecke. »Hier steht ein ganz besonderer Schatz. Es ist eine köstliche Auslese vom Steinberg. Doch es bereitet mir Kummer.«

Der Bruder Küchenmeister trat nun an das Fass heran und griff nach dem Kelch, der obenauf stand. »Was ist sein Problem? Nicht lange genug gelagert?«

»Doch, er lagert schon lange genug. Er müsste völlig reif sein. Doch seine feine Art wird von einem Beigeschmack getrübt. Ich habe all meine Künste ausprobiert! Doch ich bekomme den Fehler nicht fort.«

»Dann gib mir doch einen Schluck. Vielleicht kann ich herausfinden, was es ist, das seinen Geschmack trübt.«

»Ich denke, er schmeckt etwas …«

»Nein«, unterbrach der Bruder Küchenmeister ihn, »sag mir nichts. Ich will ganz unvoreingenommen sein.«

»Wie du willst«, brummte der Bruder Cellerar und schöpfte einen Kelch voll Wein aus dem Fass. »Ich habe schon alles versucht, doch ich bekomme es nicht hin. Das verdirbt mir die Laune.«

Langsam schwenkte der Bruder Küchenmeister den Kelch hin und her und genoss die Blume des Weines, die rasch den ganzen Keller erfüllte. Dann schloss er die Augen und nahm einen Schluck. Langsam ließ er ihn über seine Zunge gleiten und genoss den herrlichen Tropfen. Doch dann stutzte er. Ein metallischer Geschmack schlich sich auf seine Zunge und in seinen Gaumen. »Er schmeckt etwas nach Eisen.«

»Nach Eisen?« Der Bruder Cellerar nahm sich ebenfalls einen Kelch und verkostete den feinen Wein. »Ich kann deine Meinung nicht teilen. Für mich schmeckt es eher nach altem Leder.«

»Sicher nicht! Es schmeckt nach Eisen. Das schmecke ich ganz deutlich heraus.«

»Nein«, widersprach abermals der Bruder Cellerar, der nochmals einen Schluck Wein getrunken hatte, »du musst dich irren. Es schmeckt nach Leder.«

»Unsinn! Leder riecht und schmeckt ganz anders!« Wieder nahm der Bruder Küchenmeister einen Schluck Steinberger. »Es schmeckt ganz eindeutig nach Eisen! Es liegt sicherlich am Fass!«

»Am Fass? Das besteht aber aus Holz und nicht aus Eisen! Der Wein kommt doch gar nicht mit Metall in Berührung. Dein Geschmackssinn täuscht sich!«

»Ich bin der Küchenmeister und schmecke täglich unsere Speisen ab. Meine Zunge und mein Gaumen würden sich niemals irren!«

»In diesem Falle muss es aber so sein!«

»Vielleicht irrst du dich.«

»Mitnichten!«

»Warum nicht? Auch du bist nicht unfehlbar!«

»Aber ich bin der Kellermeister und verfeinere alle jungen, rauen und ungestümen Weine zu edlen Tropfen! Ich habe mich noch nie in meinem Urteil geirrt!«

Der Bruder Küchenmeister nahm einen letzten Schluck und schwieg. Der Wein war köstlich und von besonderer Qualität. Es war wahrlich eine Schande, dass die unverwechselbare Blume durch diesen unterschwelligen Beigeschmack getrübt wurde, der seiner Meinung nach niemals nach Leder schmeckte.

»Ach«, riss die Stimme des Cellerars ihn aus seinen Gedanken, »es ist wahrlich eine Prüfung Gottes.«

»Du wirst sie schon meistern!«

»Dein Wort in Gottes Ohr! Doch nun entschuldige mich. Ich werde mich der Prüfung stellen und weiterhin meine Künste an ihm erproben.«

Der Bruder Küchenmeister sah ihm noch einen Augenblick bei seiner Arbeit zu und verließ dann die Kellergewölbe. Sein Freund konnte nun in Ruhe nach dem Grund für den Fehler am Wein suchen.

Nun begab es sich, dass der Bruder Küchenmeister alle paar Tage hinunter in die Kellergewölbe stieg und seinen Freund besuchte. Aber was der Cellerar auch ausprobierte, für ihn schmeckte der Wein ganz leicht nach Leder, wohingegen der Küchenmeister nicht davon abzubringen war, dass der Wein einen Eisenton offenbarte. So vergingen die Tage und Wochen, und eines Tages war das Fässlein leer.

»Nun ist nichts mehr von ihm übrig, und ich habe nicht herauszufinden vermocht, was den Geschmack jenes Weines verdorben hat«, seufzte der Bruder Cellerar und stellte das Fässlein bereit, damit er es ausschwenken konnte.

»Ja, und wir werden niemals herausfinden, wer von uns beiden nun recht hatte.«

»Ich hatte recht, so viel steht wohl fest«, erklang es hohl aus dem Fass.

Der Bruder Küchenmeister holte tief Luft und starrte angriffslustig auf den Rücken seines Freundes, dessen Kopf ganz im Fass verschwunden war.

»Das magst du wohl glauben! Du ...«

»Ei, was ist das denn«, unterbrach ihn sein Freund und zog seinen Kopf aus dem Fass hervor. »Bruder Küchenmeister, ich habe das Rätsel doch noch gelöst! Und ich muss bei dir Abbitte leisten. Du hattest recht!«

Jetzt wurde der Küchenmeister neugierig und steckte ebenfalls seinen Kopf in das Fass. Erstaunt gewärtigte er, dass ein Schlüssel auf dem Boden des Fasses lag. Das war es also gewesen, was den wundervollen Wein verfälscht hatte!

»Ja«, lächelte er und klopfte seinem Freund auf die Schulter, »aber auch du gingst nicht fehl, denn an dem Schlüssel hängt ein Lederbändchen! Damit waren wir beide im Recht!«

Der Bruder Cellerar lächelte erleichtert und legte einen Arm um die Schulter seines Freundes. »Dann wollen wir unsere Unstimmigkeiten vergessen, und ich verspreche dir, dass ich das nächste Mal besser auf deine Meinung hören werde. Und das corpus delicti dort unten werden wir gemeinsam begraben, damit es niemals wieder einen Wein verderben kann!«

So machten sich der Cellerar und der Küchenmeister auf in den Klostergarten und vergruben den kleinen Schlüssel, der den edlen Wein und ihre Freundschaft getrübt hatte. Wo genau auf dem Klostergelände der Schlüssel vergraben ist, weiß die Legende nicht zu berichten. Auch wie er in das Fass gelangen konnte, weiß niemand zu sagen. Nur, dass so etwas dem Bruder Cellerar nie wieder passierte, ist sicher überliefert.

Wie Hildegard von Bingen Magistra wurde

Nachdenklich sah Hildegard hinunter in den Klosterhof. In den letzten zwei Stunden hatte sie viele ernste und anstrengende Gespräche mit ihren Mitschwestern geführt. Sie war müde und erschöpft, denn die Auseinandersetzungen zerrten an ihrer Gesundheit. Jedes ihrer 38 Jahre spürte sie in diesem Moment, und sie vermochte einfach nicht zu verstehen, warum sich alle so sicher waren, dass sie nach dem Tode ihrer Freundin Jutta die neue Lehrmeisterin der Frauen des Klosters, die neue Magistra werden sollte. Sie war oft sehr schwach und ans Krankenlager gebunden. Niemals würde sie den Anforderungen gerecht werden, die an das Oberhaupt der Klosterfrauen gestellt wurden. Warum wollten der Abt und ihre Brüder und Schwestern dies nicht einsehen? Es konnte nicht Gottes Wille sein, dass diese Aufgabe in ihre Hände gelegt würde. Seufzend wandte sie sich ab und ließ ihren Blick durch das Zimmer streifen. Wie sollte sie die anderen nur überzeugen? Gleich, was sie auch vorbrachte, die anderen kamen immer wieder auf ihr Ansinnen zurück. Am Abend sollte die Entscheidung fallen, aber Hildegard wollte diese Bürde auf gar keinen Fall auf sich nehmen. Als ihr Blick auf den Stuhl in der Ecke ihrer Zelle fiel, seufzte sie leicht. Jede Faser ihres Körpers sehnte sich nach Ruhe, und sie beschloss, sich für ein paar Minuten auszuruhen. Erschöpft ließ sie sich auf das harte Holz sinken und schloss die Augen. Warum erlegte Gott ihr nur so eine schwere Last auf? Sie wollte doch nur ein Teil dieser wundervollen Gemeinschaft sein und ihr Leben ganz unauffällig und still der Liebe zu Gott widmen.

Hildegard seufzte erneut und streckte ihre müden Glieder, als sie mit einem Mal etwas Wärmendes auf ihrer Haut verspürte. Langsam öffnete sie die Augen und gewahrte, dass die Umrisse ihrer Zelle verschwanden. Die Wände schienen sich in einem hellen, warmen Licht aufzulösen, das mit jedem Augenblick stärker wurde. Schon verspürte sie, wie es sie umfing. Es breitete sich in ihrem ganzen Körpers aus, und alle Gebrechen verschwanden. Vollkommene Liebe erfüllte sie, als sie sich diesem wundervollen Gefühl hingab.

»Ihr solltet nicht verzagen«, erklang eine ruhige Stimme. »Gott hält Euer Schicksal in der Hand.«

Hildegard sprach: »Verzeiht, wenn ich Zweifel hege, doch fühle ich mich der großen Aufgabe nicht gewachsen. Niemals war es mein Bestreben, mich von den anderen zu unterscheiden. Ich möchte mein Leben einfach nur in Demut Gott widmen.«

»Gott selber hat Euch aber zu diesen Dingen bestimmt. Er weiß, dass es für Euch eine große Bürde ist, anders zu sein als die anderen. Doch gerade diese Demut verleiht Euch die Bestimmung zu Höherem. Nehmet die Gnade Gottes an und geht Euren vorbestimmten Weg. Fürchtet Euch nicht. Sehet Eure Begabungen nicht als Fluch, sondern als Geschenk an. Gott weiß, dass Einsamkeit das Schicksal des Besonderen ist. Doch er hält Euch für würdig, diesen Weg zu gehen. Er allein wird Euch durch alle Stürme des Lebens geleiten.«

»Niemals wollte ich undankbar erscheinen«, murmelte Hildegard demütig.

»Nehmet Euer Schicksal dankbar an und vertrauet auf Gott!« Dann erlosch das Licht so plötzlich wieder, wie es erschienen war. Eine eisige Kälte breitete sich in Hildegards Gliedern aus. Erschrocken sprang sie auf und stieß dabei den Stuhl um. Sofort öffnete sich die Tür, und eine Schwester trat mit besorgtem Blick in die Zelle.

»Gehabt Ihr Euch wohl, Schwester Hildegard? Ich kam gerade vorbei und hörte einen Schrei und ein Poltern.«

Hildegard strich sich aufgewühlt über ihre Wange. »Ja, ich gehabe mich wohl! Ich war eingeschlafen und bin eines Traumes wegen verschreckt erwacht.«

Die Schwester blickte Hildegard einen Augenblick lang durchdringend an.

»Wirklich! Sorgt Euch nicht um mich, es geht mir gut!«

Die Schwester blieb noch für einen kurzen Moment schweigend stehen, doch dann nickte sie leicht mit dem Kopf und zog sich zurück. Offenbar vermutete sie sehr richtig, dass Hildegard neuerlich eine ihrer Visionen gehabt hatte. Obwohl sie seit vielen Jahren nicht mehr darüber gesprochen hatte, wussten doch alle davon. Schon seit Kindertagen hatte sie Visionen, und keine davon vergaß sie jemals. Selbst an ihre erste konnte sie sich noch sehr genau erinnern. Damals musste sie so um die drei Jahre alt gewesen sein. Sie war fröhlich an einer Wiese vorbeigelaufen und hatte sich an dem kleinen Kälbchen erfreut, das mit seinen lustigen schwarzen Füßen über die Wiese sprang. Noch heute erinnerte sie sich an die hübsche Verschiedenheit zu dem völlig weißen Körper. Sie hatte das Lachen der Kinderfrau nicht verstanden, doch heute wusste sie, dass sie an jenem Nachmittag ihre erste Vision hatte, denn das Kälbchen, das sie damals sah, wurde in Wahrheit erst viele Tage später geboren. Als Kind wusste sie noch nicht, dass sie sich von den anderen Kindern unterschied. Erst viele Jahre später sollte sie dessen gewahr werden.

Seufzend trat sie wieder ans Fenster. Jetzt, da ihr klar wurde, dass es Gottes Wille war, diesen mühevollen Weg einzuschlagen, würde sie sich der Aufgabe beugen. Auch wenn sie sich dieser kaum gewachsen fühlte, konnte und durfte sie sich nicht davor sperren.

Und so kam es, dass im Jahre 1136 Hildegard von Bingen Magistra der Ordensfrauen auf dem Disibodenberg wurde. Was sie letztlich wirklich zu diesem Entschluss kommen ließ, liegt wohl für immer im Dunkel des Reiches der Sagen und Legenden verborgen. Doch gewiss ist, dass sie in den folgenden Jahren die kleine Gemeinschaft in eine glückliche und friedliche Zeit führte.

Brautwerbung auf Burg Rheinstein

Vor langer Zeit lebte auf Burg Rheinstein ein Graf mit dem Namen Diethelm. Er war weit über die Grenzen seines Landes für seinen leicht entflammbaren Zorn und seine wilde Streitlust bekannt. Nun trug es sich zu, dass er von einem seiner Beutezüge eine junge, liebliche Maid mit nach Hause brachte. Sie war von großer Anmut und von sanftem Gemüt, und niemand konnte sich ihrem Liebreiz entziehen. So verlor Diethelm sein Herz an das zarte Fräulein, und nach wenigen Monaten wurde aus dem rauen Recken ein tugendhafter Ritter. Er entsagte den Raufereien und Gelagen und reichte ihr als Zeichen seiner Liebe die Hand zum ehelichen Bunde. Schon bald kündigte sich das höchste Glück ihrer jungen Liebe an und sie erwarteten ein Kind. Doch ihre zarte Gestalt war den Strapazen der Geburt nicht gewachsen, und als ihre Tochter Gerda das Licht der Welt erblickte, verstarb die junge Mutter. Diethelm zog sich in seine Burg zurück und war viele Monate lang untröstlich. Doch schon bald erwies es sich, dass Gerda ihrer Mutter wie ein Spiegelbild glich. Da erwachten alle Lebensgeister in Diethelm erneut, und eifersüchtig wachte er über ihre Tugend.

Als nun die Zeit kam, in der sich von nah und fern die ersten Freier anmeldeten, traf der alternde Diethelm peinlich genau Auswahl. So mancher Bewerber musste sich betrübt mit einer Abweisung auf den Heimweg machen. Auch der junge Ritter Helmbrecht, der älteste Spross auf Sternburg, verliebte sich in die zarte Jungfer. Vorsichtig warb er um sie, doch verbarg er seine Liebe, da er sich Gerdas Gefühle nicht sicher war – bis zu dem Tage, an dem auf Burg Rheinstein ein großes Turnier stattfand. Dort reichte Gerda allen Rittern im Burghofe einen Trank, auch dem jungen Recken Helmbrecht. Kaum trafen sich ihre Blicke, da gewahrte Helmbrecht, dass Gerda seine zarten Gefühle erwiderte. Nun hatte er endlich den Mut, ihr nach dem Turnier seine Liebe zu gestehen. Gerda war über seine Worte hocherfreut, denn sie fühlte sich zu dem jungen Ritter hingezogen wie noch zu keinem anderen Manne vor ihm.

Vor seiner Abreise machte Helmbrecht auch dem Grafen von Rheinstein seine Aufwartung und erklärte ihm seine Liebe zu Gerda. Der Graf von Rheinstein war nicht abgeneigt, und der junge Ritter war bei ihm wohl gelitten. So machte Helmbrecht sich voller Zuversicht auf den Heimweg und beauftragte, ganz den höfischen Sitten entsprechend, ein paar Tage später seinen Ohm Gunzelin von Reichenstein mit der Brautwerbung.

»Tretet ein, verehrter Graf«, begrüßte Graf Diethelm den Besucher, »was verschafft mir die Ehre Eures Besuches?«

Gerda drückte sich ganz nah an die Wand, damit sie möglichst viel von dem Gespräch erhaschen konnte. Schon seit ihren Kindertagen hatte sie hier an der verborgenen Stelle der Stimme ihres Vaters gelauscht, und auch jetzt war sie überaus froh über das geheime Versteck. Freudige Erwartung durchströmte sie. Es waren nun schon viele Tage vergangen, seit Helmbrecht ihr auf dem Turnier seine Liebe offenbart hatte. Nun endlich würde sein Ohm ganz standesgemäß für ihn um ihre Hand anhalten, und das lange Warten würde ein Ende finden.

»Habt Dank, dass Ihr mir Eure kostbare Zeit schenkt«, hörte sie die Stimme des Grafen von Reichenstein. »Ich bin gekommen, um bei Euch um die Hand Eurer Tochter anzuhalten.« Gerda lächelte still vor sich hin und erwartete gespannt die nächsten Worte.

»Ich bin mir dessen durchaus gewiss, dass ich mich bereits in einem fortgeschrittenen Alter befinde. Doch kann ich Eurer Tochter ein namhaftes Gut und meinen hoch ehrbaren Namen zu Füßen legen.«

Gerda hielt erschrocken den Atem an. Was redete jener dort? Der alte Graf von Reichenstein warb in eigener Angelegenheit um sie? Hatte Helmbrecht ihn nicht in seinem Namen geschickt? Das konnte doch nicht sein.

»Ihr wollt um die Hand meiner Tochter anhalten?« Die Stimme ihres Vaters klang sehr erstaunt.

»Ja, ich würde Euch gerne um ihre Hand bitten.«

Gerda hörte, wie ihr Vater aufstand und im Salon auf und ab lief. »Aber Euer Neffe Helmbrecht wünscht sich Gerda ebenfalls zur Gemahlin.«

Gerda drückte ihr Ohr fester an die Wand.

»Das ist mir neu«, erwiderte der Graf von Reichenstein, und Gerda wurde übel bei dieser dreisten Lüge. »Er besitzt keinerlei Vermögen, das er Eurer Tochter mit in die Ehe zu bringen vermag. Zudem: Hat er bereits persönlich um ihre Hand angehalten?«

»Nein, bisher noch nicht, aber ...«

»Nun, ich bin mir gewiss, dass er dies auch nicht wagen wird. Womit sollte er Eure Tochter standesgemäß unterhalten?«

»Bringt Euer Neffe denn gar keine Güter mit in die Ehe? Ich dachte, Ihr würdet an seiner Statt um Gerda werben.«

»Nein, mein Neffe kann nichts sein eigen nennen, und wie ich bereits erwähnte, weiß ich auch gar nichts von einem solchen Ansinnen. Ich komme ganz in eigener Sache, und wie Ihr soeben vernahmt, besitze ich ein namhaftes Gut, das ich mit in diese Verbindung einbrächte, ganz zu schweigen von meinen Schätzen – vorausgesetzt natürlich, Ihr wollt meinen Antrag annehmen. Wenn Ihr allerdings glaubt, dass ich für Eure Tochter zu alt bin, und wenn ihr stattdessen lieber meinem armen Neffen den Vorrang geben wollt, dann ...«

»Ich gebe zu«, fiel Gerdas Vater ihm ins Wort, »dass mich Euer Ansinnen in Erstaunen versetzt. Außerdem befremdet es mich zutiefst, dass Euer Neffe nicht zu seinem Worte stehen will. Doch Euer Alter ist für mich kein Hindernis. Und Ihr schwört, dass Ihr all Euer Hab und Gut mit in die Verbindung einbringen wollt?«

»So ist es!«

»Nun, dann fühle ich mich sehr geehrt, dass Ihr meine Tochter zur Gattin nehmen wollt. Eine Verbindung mit Eurem Hause entspricht genau meinen Wünschen. Dass nun Ihr anstatt Eures Neffen mein Schwiegersohn zu werden trachtet, soll mir recht sein. Ich möchte Gerda gut versorgt wissen, und es ist mir ein Vergnügen, Euch ihre Hand zu verpfänden. Ich werde gleich nach ihr schicken lassen, damit wir ihr die freudige Nachricht überbringen können.«

Gerda indes, die jedes Wort mit angehört hatte, sprang aus ihrem Versteck und rannte die Treppen hinauf in ihre Kammer. In ihren Ohren rauschte das Blut, und sie hatte das Gefühl, jeden Moment in Tränen ausbrechen zu müssen. Das konnte ihr Vater ihr doch nicht antun!

Nur wenige Augenblicke, nachdem sie ihre Kammer erreicht hatte, klopfte es auch schon an der Türe. »Jungfer Gerda, Euer Vater wünscht Euch zu sprechen«, erklang die Stimme eines Dieners.

Gerda schloss kurz die Augen und atmete tief ein. »Ich komme sofort«, antwortete sie mit brüchiger Stimme, und sie versuchte ihre Tränen zu unterdrücken. Sie wollte keinesfalls weinend vor ihren Vater treten. Nach einiger Zeit hatte sie sich so weit gefangen, dass sie sich auf den Weg hinunter begeben konnte.

»Vater«, sprach sie leise, als sie den Salon betrat, »Ihr habt nach mir rufen lassen.«

»Mein Kind«, kam der Graf von Rheinstein seiner Tochter strahlend entgegen, »ich will dir eine freudige Mitteilung eröffnen. Der hochverehrte Herr Graf von Reichenstein hat um deine Hand angehalten.«

Gerda wandte den Kopf und blickte den Grafen von Reichenstein voller Verachtung an. Er grinste sie mit dem schmunzelnden Behagen eines gealterten Lüstlings an, und Gerda spürte Abscheu in sich aufsteigen.

»Vater«, rief sie daher entrüstet, »ich kann diesen Herrn doch nicht ehelichen! Mein Herz gehört bereits einem anderen, und du hattest dein Einverständnis dazu gegeben.«

Da zog ihr Vater zornig seine Augenbrauen zusammen. »Was soll das heißen? Du kannst ihn nicht heiraten? Ich hatte gesagt, dass ich nichts gegen eine Heirat mit dem jungen Ritter auf Sternburg einzuwenden hätte. Doch der junge Herr hat bisher nicht um deine Hand angehalten, und darüber hinaus verfügt der Graf von Reichenstein auch über ein vielfach größeres Vermögen!«

»Aber der Graf von Reichenstein sollte doch bestimmt in Helmbrechts Namen um mich werben.«

»Davon ist mir nichts gewärtig«, meldete sich der Graf von Reichenstein zu Wort. »Wenn mein Neffe mich um dies gebeten hätte, würde ich sicherlich nicht im eigenen Namen um Eure Hand anhalten.«

»Aber ich liebe Euch nicht und will Euch nicht heiraten!«

»Nun mein Kind, ich bin mir gewiss, dass Ihr Euch ganz schnell an mich gewöhnen werdet. Ich werde Euch all meine Reichtümer zu Füßen legen.«

»Eure Reichtümer sind mir gleichgültig. Ich ...«

»Schweig still!«, donnerte der Graf von Rheinstein dazwischen und hob zornig beide Arme. »Ich habe dem Grafen mein Wort verpfändet und dazu stehe ich! In ein paar Tagen wird Hochzeit gehalten!«

»Vater ...«

»Es gibt nichts mehr dazu zu sagen! Der Graf von Reichenstein ist viel mächtiger und reicher als der Ritter auf Sternburg! Der arme Spatz wird meine Tochter nicht zur Frau bekommen! Damit ist die Entscheidung getroffen!«

Gerda wandte sich um und lief schluchzend in ihre Kammer. Tagelang saß sie weinend am Fenster, doch als sie eines Tages Helmbrecht durch das Tor reiten sah, begab sie sich schnell an ihren geheimen Platz im Salon, um das Gespräch zwischen Helmbrecht und dem Grafen zu belauschen.

Doch alles, was sie vernahm, war, dass ihr Vater einem Diener auftrug, den jungen Ritter abzuweisen und ihn daran zu erinnern, dass er seinem Ohm seine Töchter bereits mit Handschlag verpfändet hatte und er zu seinem ritterlichen Worte stehen würde. Niedergeschlagen zog sich Gerda wieder in ihre Kammer zurück und fügte sich bekümmert dem Unabänderlichen. Für sie gab es nun wohl keine Rettung mehr. Sie ward gezwungen, den heimtückischen alten Grafen von Reichenstein zum Manne zu nehmen.

Am Tage ihrer Vermählung hob Gerda nicht einmal ihr Antlitz. Sie hatte weder einen Blick für all die geladenen Hochzeitsgäste noch für ihr prachtvolles Kleid. Auch gewahrte sie nicht das wundervolle Wetter oder die Schönheit der strahlend weißen Stute, auf der sie reiten sollte. Trauernd auf ihrem Pferd sitzend, verließ sie den Burghof. Die Fanfaren jubilierten und die Hörner erschallten, als sich der Brautzug auf den Weg zur Klemenskapelle machte. Gerda tagträumte, neben ihr würde an Stelle des alten Grafen von Reichenstein ihr junger Ritter Helmbrecht reiten. Ein tiefer Seufzer entrang sich ihrer Brust.

»Was ist dir, meine Tochter?«, vernahm sie die Stimme ihres Vaters, der neben ihrem Pferd einherschritt. »Fühlst du dich nicht wohl?«

Gerda hob zum ersten Male den Kopf und blickte ihren Vater an, der sie seinerseits aufmerksam musterte.

»Ich ...«, hub sie zu sprechen an, als sie plötzlich eine schnelle Bewegung im Gebüsch neben ihrem Vater bemerkte. Neugierig beugte sie sich hinab und erkannte eine kleine Gestalt, die gebeugt im Unterholz kauerte. Es schien sich um ein spärlich bekleidetes altes Mütterchen zu handeln, das den Grafen zu Reichenstein voller Hass anstarrte und dabei etwas zu flüstern schien. Gerda neigte sich noch etwas mehr zur Seite, um das alte Weiblein verstehen zu können. Da sah sie, wie dieses sein löchriges Gewand schüttelte, woraufhin ein riesiger Schwarm großer schwarzer Pferdebremsen daraus entströmte und sich auf sie stürzte. Erschreckt griff sie in die Mähne ihrer Stute, welche sich wiehernd aufbäumte. Gerda hatte alle Mühe, nicht vom Pferd zu fallen.

»Hilfe!«, schrie sie gellend und krallte sich noch fester. Die Stute bockte und brach mit einem großen Sprung aus dem Brautzug aus.

Gerda spürte große Furcht in sich aufsteigen. Der Pfad hinauf zur Kapelle war nicht sehr breit, und wenn ihr Pferd auch nur einen falschen Tritt setzte, würde sie mitsamt der Stute in die Tiefe stürzen.

»Haltet Euch fest«, erklang da die Stimme des Grafen von Reichenstein direkt hinter ihr. »Ich werde Euch aus dieser misslichen Lage befreien.«

Gerda wagte nicht, den Kopf zu drehen, denn ihr Pferd schien immer schneller zu laufen.

Just in diesem Moment erklang neben Gerda ein markerschütternder Schrei. Fassungslos gewahrte sie aus dem Augenwinkel, wie ihr verhasster Bräutigam samt seinem prunkvoll geschirrten Hengst im Abgrund verschwand. Gerda spürte, dass ihre Kräfte sie verließen, und sie wollte sich am liebsten einfach fallen lassen. Doch sie war sich dessen gewiss, dass sie einen solchen Sturz nicht lebend überstehen würde, und klammerte sich umso fester am Halse ihres Tieres fest. Das Rauschen in ihren Ohren wurde immer lauter, und eine tiefe Schwärze begann sie immer mehr zu umgeben. Kurz bevor die Ohnmacht sie umfing, dachte sie noch einmal an Helmbrecht, den sie nun wohl nie wiedersehen würde.

»Gerda!«

Gerda blinzelte und bewegte sich nicht. Was war geschehen? Wo war sie? Es dauerte ein paar Augenblicke, bis ihre Erinnerung zurückkehrte. Voller Schrecken riss sie die Augen auf.

»Oh, dem Himmel sei Dank! Ihr seid wach!«

Erst jetzt nahm Gerda die Gestalt wahr, die sie fest umschlungen hielt.

»Ich hatte schon Sorge, dass Ihr verletzt worden wäret.«

»Oh Helmbrecht«, flüsterte sie leise. »Was treibt Euch denn hierher?«

»Ach Liebste, ich wollte aus den Büschen heraus Euren Brautzug verfolgen. Tiefer Kummer führte mich an diesen Ort, und ich wollte noch einmal einen Blick von Euch erhaschen, bevor Ihr die Frau meines Ohms geworden wäret und ich diese Gegend für immer verlassen hätte.«

Gerda wandte den Kopf und blickte den Weg hinab, auf dem nun die ersten Hochzeitsgäste auf sie zugelaufen kamen.

»Euer Ohm ist neben mir in die Tiefe gestürzt«, schluchzte Gerda. »Ich fürchtete, ich würde ihm folgen. Was immer ich auch versuchte, meine Stute wollte einfach nicht anhalten.«

»Das arme Tier kann nichts dafür«, flüsterte Helmbrecht ihr ins Ohr. »Sein ganzer Bauch ist übersät von Stichen. Ein großer Schwarm Pferdebremsen ist darüber hergefallen.«

»Jetzt erinnere ich mich«, rief Gerda und setzte sich auf. »Kurz bevor mein Pferd lossprang, sah ich ein altes Weiblein im Gebüsch sitzen, welches Euren Ohm voller Hass anstarrte. Sie sprach etwas, das ich aber nicht verstand, und schüttelte ihr zerlöchertes Gewand. Kurz darauf waren Euer Ohm und ich umgeben von einer schwarzen, summenden Wolke.«

Helmbrecht strich nachdenklich über ihr Haar. »War es ein kleines Weib mit langen, weißen und verfilzten Haaren, mit stechend blauen Augen und weißer Haut?«

»Soweit ich es in dem kurzen Moment sehen konnte, ja.«

»Nun, dann denke ich, dass es wohl Jutta war. Sie ist eine von den wilden Frauen aus dem Wald. Vor vielen Jahren rettete sie Gunzelin einmal das Leben, und er versprach ihr dafür die Ehe. Als er aber wohlbehalten wieder in seiner Burg war, verstieß er sie. Sie schwor ihm Rache«, für einen kurzen Moment schwieg er, »und wie es scheint, hat sie ihre Rache genommen!«

»Wo ist sie hin? Hat man sie gefunden? Sie gehört dafür bestraft!«

»Wir können nach ihr suchen lassen. Doch glaube ich nicht, dass wir sie finden werden. Sie lebt in den Wäldern und vermag sich gut zu verstecken.«

»Jungfer Gerda«, erklang da die Stimme eines der Rossbuben, »geht es Euch gut?«

Mit Helmbrechts Hilfe erhob sich Gerda und strich sich die wilden Locken aus dem Gesicht. »Dank des umsichtigen Ritters von Sternburg ist mir nichts geschehen.«

In diesem Moment erblickte sie, wie vier Männer den leblosen Körper des Grafen von Reichenstein den Hang hinauftrugen.

»Ist der Graf verletzt worden?«

Der Rossbube wandte den Kopf und sah zu den anderen Männern hinüber. »Der Graf von Reichenstein hat den Sturz leider nicht überlebt.«

»Oh«, Gerda stützte sich zitternd auf Helmbrechts Arm.

»Verdammt noch mal!«, ertönte in diesem Moment die zornige Stimme ihres Vaters. »Könnt ihr Tölpel nicht besser aufpassen? Mein Bein schmerzt höllisch! Wo ist meine Tochter? Ist ihr etwas geschehen? Könnt ihr endlich einmal etwas Rechtes tun?«

Gerda löste sich von Helmbrechts Arm und eilte ihrem Vater entgegen.

»Vater, mir ist nichts geschehen. Dank des mutigen Eingreifens des Ritters Helmbrecht, der unseren Brautzug beobachten wollte, bin ich mit dem Schrecken davongekommen. Doch was ist Euch widerfahren?«

»Deine Mähre hat mir das Schienbein blutig geschlagen, als ich dir zur Hilfe eilen wollte. Oh, was schmerzt mich mein Bein.«

»Bringt meinen Vater hinauf zur Burg«, rief sie den Rossbuben zu. »Aber geht behutsam mit ihm um. Er leidet große Schmerzen.«

Gerda wandte sich noch einmal Helmbrecht zu, der sich im Hintergrund gehalten hatte.

»Habt nochmals vielen Dank für Eure Hilfe. Ich werde Euch auf ewig dankbar sein.«

Helmbrecht nahm zärtlich ihre Hand und drückte sachte einen Kuss auf ihren Handrücken. »Für Euch würde ich sterben, wenn es nötig wäre. Doch nun begleitet Euren Vater hinauf zur Burg.«

»Bleibt stehen, ihr Dummköpfe!«, stöhnte der Graf. »Ritter Helmbrecht, kommt zu mir.«

Helmbrecht ließ Gerdas Hand los und ging zu dem Grafen.

»Habe ich dies richtig vernommen? Ihr habt meiner Tochter das Leben gerettet?«

Helmbrecht senkte leicht sein Haupt. »Ja, ich hatte das große Glück, Eurer Tochter im richtigen Moment zur Hilfe eilen zu dürfen.«

Der Graf betrachtete ihn schweigend, bis er wieder vor Schmerzen die Augen schloss.

»Danke«, murmelte er und schlug nach dem Rossbuben, der ihm am nächsten stand. »Und nun bringt mich endlich in meine Kammer!«

In den nächsten Wochen hatten die Bewohner der Burg ihre liebe Mühe mit dem missmutigen Grafen. Der Siechenmeister, der den kranken Burgherrn behandelte, sah sich immerzu wüsten Beschimpfungen ausgesetzt. Gerda besuchte ihren Vater täglich und gab sich alle Mühe, ihn etwas aufzuheitern. So vergingen die Wochen, und eines Morgens überraschte Diethelm Gerda mit der Eröffnung, Ritter Helmbrecht einladen zu wollen. Er war in der Zeit seiner Erkrankung in sich gegangen und hatte endlich den Entschluss gefasst, den beiden Liebenden seinen Segen zu geben. So trug es sich zu, dass sich etliche Wochen später abermals eine Hochzeitsgesellschaft auf den Weg zur Klemenskapelle machte. Wieder einmal war schon von weither der Klang der Hörner und der Fanfaren zu hören. Doch dieses Mal strahlte die Braut mit der Sonne um die Wette.

Die Legende berichtet, dass die beiden ein langes, ungetrübtes Glück genießen konnten. Ihre sterblichen Überreste ruhen vor dem Altar der Klemenskapelle, und die stolze Burg Rheinstein grüßt noch heute von schroffer Felskante. Nur der Verbleib des alten Weibleins, das den Herrn von Reichenstein in den Tod trieb, verliert sich in den Nebeln der Sagen. Niemand weiß zu berichten, wie sie von dem Hochzeitsfest verschwand oder was aus ihr geworden ist.

Der Teufelskädrig

Schon von Anbeginn aller Zeiten leben wir, das Volk der kleinen Leute, hoch oben auf dem Gipfel eines Berges mit dem Namen Kädrig, manchen vielleicht auch als der Teufelskädrig bekannt. Über mein Volk werden gar seltsame Geschichten verbreitet, die sich so, wie sie verkündet werden, oft nicht zugetragen haben. Doch will ich euch die Geschichte der jungen Maid Gerlind und ihres Vaters, des Herrn Sibo von Lorch, persönlich erzählen. Diese lebten einst auf einer stattlichen Burg mit dem Namen Lorch, und das Schicksal wollte es, dass sich eines Tages ihre Wege mit denen meines Urahns Helmar kreuzten.

Es war an einem eisigen Tag mitten im April. Der frostige Wind trieb Schneeflocken über die Felder, als der Weg meines Urahns an den Toren der Burg derer von Lorch vorbeiführte. Wenige Minuten vorher hatte Helmar den Burgherrn Sibo von Lorch durch die Tore reiten sehen. Bisher hatte er nicht das Vergnügen gehabt, ihn persönlich kennenzulernen, und deshalb wusste er nichts über ihn. Helmars Glieder waren mittlerweile steifgefroren, und der Weg bis zu seinem Heim war noch so weit, dass er nach kurzem Zögern beschloss, dort um eine Bleibe für die Nacht zu bitten.

Da seine Finger klamm waren, schlug er mit der ganzen Faust gegen das Burgtor. Nach kurzer Zeit öffnete sich das Fensterchen und der Torwächter sah auf ihn herab.

»Ja?«, rief er ungehalten.

»Seid gegrüßt. Ich bitte vielmals um Verzeihung für die Störung zu so später Stunde. Mein Name ist Helmar und mein Weg war weit und beschwerlich«, begann Helmar.

»Und? Was haben wir damit zu schaffen?«, blaffte der Torwächter ihn an.

»Das Wetter ist gar ungemütlich.«

»Ja, darum kommt zur Sache. Ich friere hier sonst noch am Burgtor fest«, maulte der Torwächter.

Helmar atmete tief durch und schluckte seinen aufkommenden Ärger hinunter.

»Ich möchte den Herrn der Burg um eine Bleibe für die Nacht bitten«, erwiderte er und schlang beide Arme um seinen Körper, weil der Wind immer stärker wurde. »Ich bin sehr erschöpft und mein Weg ist noch weit.«

»Ich werde nachfragen«, antwortete der Torwächter unwirsch, knallte das Fenster zu und entschwand.

Helmar drückte sich ganz eng an das Burgtor, um dem eisigen Wind zu entgehen. Dabei vernahm er von weitem ganz leise die Stimme des Burgherrn, der ungeduldig rief: »Wir nehmen keine Gäste auf. Er soll sich eine andere Bleibe suchen.«

Da erschien auch schon wieder das Gesicht des Torwächters im Fenster.

»Such dir einen anderen Schlafplatz! Für dich gibt es hier keine Bleibe!«

»Aber es ist hier nichts im Umkreis. Bitte fragt Euren Herrn, ob im Gesindehaus oder gar im Stall kein Platz für mich ist.«

»Nichts zu machen! Hier ist kein Platz für dich!«, schimpfte der Torwächter und schlug das Guckloch zu. »Du kannst ja unter der Zugbrücke schlafen, wenn du unbedingt hier bleiben willst. Herein kommst du nicht!«

Für ein paar Minuten blieb Helmar regungslos stehen und ließ die höhnischen Worte auf sich wirken. Der Herr von Lorch ließ ihn einfach hier draußen in der Kälte stehen? Er billigte, dass er erfror? Wie konnte er nur so herzlos sein? Um Fassung ringend starrte er noch ein paar Minuten auf das geschlossene Tor, um sich dann langsam auf den beschwerlichen Heimweg zu machen. Der Wind wurde immer stärker und zerrte an seinem schweren, nassen Mantel. Eisige Schneeflocken setzten sich in seinem Barte fest und brannten in seinen Augen. Die Schritte fielen ihm immer schwerer, denn seine Füße waren vor Kälte längst taub geworden. Schließlich ließ sich Helmar erschöpft unter einer Tanne zu Boden sinken, dort, wo lange Zweige den Boden halbwegs trocken hielten.

Als er erwachte, blickte er in das kummervolle Gesicht seiner Schwester Gunhild.

»Endlich bist du aufgewacht«, seufzte sie. »Wie fühlst du dich? Begehrst du etwas zu essen?«

»Ja«, erwiderte er leise und schloss wieder die Augen, »ich möchte gerne etwas essen.«

Dann versank er abermals in einen tiefen Schlaf.

Nach dem abermaligen Aufwachen fühlte er sich besser. Er setzte sich auf und blickte sich um. Er befand sich zweifelsohne im Hause seiner Schwester, die neben seinem Bette saß.

»Oh Gunhild, ich bin tatsächlich für ein paar Stunden eingeschlafen.«

Gunhild strich sich müde über die Augen. »Ein paar Stunden? Ein guter Scherz!«, erwiderte sie und erhob sich. »Beinahe eine ganze Woche hast Du im Fieber gelegen. Ich dachte schon, wir würden dich verlieren.«

Erst jetzt gewahrte er die dunklen Ringe unter ihren Augen. »Oh, so lange habe ich geschlafen? Ich erinnere mich nur noch, dass ich erschöpft eine kleine Rast eingelegt habe.« Nachdenklich hielt er inne. »An mehr erinnere ich mich gar nicht mehr. Wie bin ich in dein Haus gelangt?«

»Wir haben uns irgendwann nach dir auf die Suche gemacht, als du nicht nach Hause kamst. Als wir dich dann endlich fanden, warst du mehr tot als lebendig.«

Helmar schwieg und gedachte des Tages, an dem er unter jenem Baume in Schlaf gefallen war. Da fiel ihm das Betragen des Herrn zu Lorch wieder ein.

»Dann hatte mich der Burgherr also nicht nur abgewiesen? Nein, er hätte mich fast mein Leben gekostet!« Er spürte, wie eine tiefe Wut sich in ihm breit machte. »Dafür werde ich ihn strafen!«

»Er hat für sein Betragen bereits eine gerechte Strafe erhalten.«

Schweigend versuchte er, das soeben Gehörte zu verstehen. Just in diesem Moment hörte er helles Kinderlachen vor der Türe. Erstaunt blickte er Gunhild an, die spitzbübisch grinste. »Ja, du hast richtig gehört! Wir haben einen Gast. Einen Tag, nachdem wir dich halberfroren unter der Tanne gefunden hatten, lief uns die kleine Gerlind zu Lorch über den Weg. Wir lockten sie hier hinauf auf den Kädrig, und seit diesem Tage lebt sie bei uns.«

»Die Tochter des Herrn zu Lorch ist hier bei uns? Er wird sie suchen!«

Gunhild lachte und drückte seine Hand. »Und wie er sie suchen lässt! Er hat sie sogar, kurz, nachdem sie zu uns kam, auf dem Felsen singen hören und nach ihr gerufen. Sie bettelte, dass wir sie zurück zu ihrem Vater bringen sollten. Doch wir mussten ihr erklären, dass dies nicht möglich sei. Niemand vermag die steile Wand ohne unsere Hilfe zu erklimmen, und ihr Vater muss für seine Vergehen bestraft werden. Sie selbst wurde Zeuge, wie die Lorcher kläglich scheiterten bei dem Versuch, zu uns hinaufzuklettern.«

»Wird sie nicht versuchen, zu fliehen? Womöglich den steilen Berg hinunterspringen?«

»Ach Helmar, Gerlind ist zwar noch ein junges Mädchen, aber durchaus klug. Sie hat mir auch sehr bei deiner Pflege geholfen. Ich erklärte ihr, dass deine Krankheit die Schuld ihres Vaters sei, weil er dir an dem eisigen Schneetag die Gastfreundschaft verwehrte. Sie war tief beschämt und will nun für ihren Vater Buße tun.«

»Der Herr zu Lorch wird gewiss versuchen, mit Hacke und Meißel eine Treppe in den Felsen zu schlagen oder eine Leiter bauen.«

»Ha!«, lachte Gunhild, »er hat bereits versucht, eine Treppe in den Stein zu meißeln, doch haben wir ihn mit einem Steinschlag vertrieben. Sollte er mit einer Leiter ankommen, wird ihm das Gleiche widerfahren. Wir bewachen den Berg und werden ihn sofort vertreiben. Sie wird so lange hier bleiben, bis du ihr die Erlaubnis gibst, zu gehen.«

Lange sah Helmar seine Schwester an und dachte nach. »Ich hätte mir keine bessere Strafe ausdenken können«, lobte er. »Sie wird hier bleiben, bis der Tag kommt, an dem der Herrgott mir zeigt, dass ich sie gehen lassen soll.«

In den nächsten Tagen erging es Helmar stetig besser und er lernte Gerlind genauer kennen. Sie war eine liebreizende Maid, die von allen gern gemocht wurde. Am Anfang fragte sie oft nach ihrem Vater, doch mit der Zeit ergab sie sich ihrem Schicksal und wich nicht mehr von Gunhilds Seite.

Oft setzte Helmar sich an den Rand des Gipfels und sah Sibo zu Lorch am Fuße des Berges stehen und sehnsüchtig hinaufschauen. Mit der Zeit ergrauten seine Haare vor Kummer, seine Züge wurden von Gram verzehrt und seine Augen blickten trübe und leer. Es gab Tage, da hatte Helmar fast Mitleid mit ihm.

So vergingen die Tage, Monate und Jahre, und Gerlind wuchs zu einer wunderschönen Jungfrau heran.

Eines Tages saß Helmar wieder einmal auf einem Vorsprung des Felsens, als er den Klang einer Stimme vernahm. Neugierig beugte er sich vor und blickte hinunter. Am Fuße des Berges stand ein stattlicher Ritter, der sehnsüchtig hinaufschaute. Nachdenklich betrachtete Helmar dessen Antlitz.

»Wer seid Ihr?«, rief er hinunter ins Tal.

Der junge Ritter wandte den Kopf und schaute erstaunt hinauf. »Wo kommt Ihr her? Und wer seid Ihr? Ich habe Euch vorher gar nicht gesehen.«

»Ich habe Euch eine Frage gestellt!«, erwiderte Helmar statt einer Antwort.

»Ich heiße Ruthelm und bin vor wenigen Tagen von meinem ersten Kriegszug heimgekehrt«, antwortete der junge Mann nach ein paar Augenblicken. »Ich hoffte auf der Burg zu Lorch meiner Jugendliebe zu begegnen. Doch wie ich hörte, entschwand sie hier auf den Berg.«

»Ihr wollt also hier hinaufsteigen, um Euer Schätzelein zu suchen?« Helmar erhob sich und breitete feierlich die Arme aus. »Sollte es Euch gelingen, den Berg zu erklimmen, soll das Mägdelein Euer sein. Dessen könnt Ihr gewiss sein!« Mit diesen Worten zog er sich zurück, sodass jener ihn nicht mehr zu sehen vermochte.

Just in diesem Moment strich ein kleiner Falke über sie hinweg, und Helmar hörte den jungen Mann seufzen: »Ach, hätte ich doch Flügel wie ein Vögelein! Dann könnte ich einfach zu ihr hinauffliegen.«

Nachdenklich beobachtete Helmar den Vogel. Er hatte sich vorgenommen, auf ein Zeichen Gottes zu warten, und nun dämmerte ihm, dass dies jenes Zeichen war. Fieberhaft dachte er darüber nach, was nun zu tun sei. Da erklang die Stimme seiner Schwester Gunhild, die wohl unterhalb des Felsens stand. »Auch ohne Flügel wird es Euch gelingen, das Mägdelein zu befreien. Denn jener, der Euch das eben versprach, war mein Bruder, und er wird sein Wort halten. Ich aber will Euch verraten, wie Ihr den Weg hinauf in die Höhe findet. Ich kenne Eure Gerlind nun schon seit vielen Lenzen, und sie ist mir wohl ans Herz gewachsen. Oft schon sprach sie von Euch. Darum macht Euch bald auf den Weg ins Wispertal. Dort befindet sich ein verfallener Stollen.«

Ungläubig vernahm Helmar Gunhilds Worte und ließ sich erstaunt auf den Felsvorsprung sinken. Seine Schwester war wohl wieder einmal zur rechten Zeit am rechten Ort.

»Von dort aus gelange ich auf den Berg?«, unterbrach Ruthelms Stimme Helmars Gedanken.

»Nein, das nicht. Aber ich will Euch ein kleines Glöckchen mitgeben. Wenn Ihr es läutet, wird Euch jemand zur Hilfe eilen.«

»Wie finde ich denn den Eingang des Stollens?«

»Haltet Ausschau nach einer Buche, die ganz dicht mit einer Tanne zusammengewachsen ist. Dort befindet sich der Eingang.«

Helmar beugte sich etwas weiter vor, um die beiden besser sehen zu können. Da gewahrte er, wie Ruthelm freudestrahlend das kleine Glöckchen auffing, das Gunhild ihm zuwarf. In diesem Moment wusste er mit Bestimmtheit, dass es an der Zeit war zu handeln. Lächelnd betrachtete er noch eine geraume Zeit den Falken, der weiterhin am Himmel seine Kreise zog, und machte sich dann gemächlich auf den Weg zu jenem Stollen. Schon von weither konnte er Ruthelm am Eingang stehen und mit Helmars Bruder Hartmut sprechen sehen.

»Bitte, helft mir«, hörte er Ruthelm flehen, »nur mit Eurer Hilfe vermag ich es, meine Liebste jemals wiederzusehen.«

»Wie seid Ihr denn in den Besitz dieses Glöckchens gelangt?«

»Eine freundliche Dame gab es mir und trug mir auf, mich an Euch zu wenden.« Hartmut stand eine Weile schweigend da und ließ seinen Blick umherschweifen. Da erkannte er Helmar, der ganz in seiner Nähe stand. Er legte den Kopf leicht schief und wartete ab. Helmar nickte ihm leicht zu, und Hartmut wusste, was er nun zu tun hatte.

»Wenn Ihr mutig seid, dann erscheinet doch morgen nach Sonnenaufgang am Fuße des Kädrig!«

»Ist dies alles?«

»Stellt keine unnützen Fragen«, brummte Hartmut und pfiff auf zwei Fingern. Sofort kam Bewegung in den Wald. Von überall kamen kleine Leute mit Axt und Säge, um gleich darauf wieder zu verschwinden. Helmar sah Ruthelms erstauntes Gesicht und lächelte. Das würde am nächsten Morgen ein großer Spaß werden.

Schon sehr früh machte Helmar sich auf den Weg zum Gipfel des Berges. Von seinem Lieblingsplatz aus konnte er alles trefflich überblicken. Ob Ruthelm wohl genug Mut besaß, sich an den gefährlichen Aufstieg zu machen? Gespannt setzte er sich in eine geschützte Ecke und wartete. Die lange Leiter, die an der Felswand lehnte, wirkte klein und zerbrechlich.

Ruthelm indes ließ nicht lange auf sich warten. Nach kurzem Zögern stieg der die ersten Sprossen der Leiter empor. Er hatte nur den Gipfel im Blick. Helmar wusste sehr wohl, dass der Aufstieg angsteinflößend und schwierig war. Doch Ruthelm stieg tapfer Schritt für Schritt die Leiter empor. Helmar konnte sehen, wie sein Gesicht vor Schweiß glänzte. Je höher er gelangte, umso langsamer wurden seine Bewegungen. Helmar fürchtete, dass jener die letzten Sprossen nicht mehr schaffen könnte. Gespannt starrte er auf die Leiter und hielt vor Anspannung den Atem an. Dann, nach einer kleinen Ewigkeit, stieg Ruthelm über die letzte Sprosse und sank erschöpft zu Boden. Doch er blieb nur einen kurzen Augenblick liegen und erhob sich dann wieder. Neugierig blickte er sich um und gewahrte eine kleine Hütte, vor der Gerlind schlafend unter einem Baume lag. Langsam schritt er auf seine Jugendliebe zu und blieb vor ihr stehen. Seine Miene nahm einen zärtlichen Ausdruck an, langsam beugte er sich nieder und ergriff Gerlinds Hand. In diesem Moment erwachte sie. Verwirrt rieb sie sich die Augen und setzte sich auf.

»Wer seid Ihr?«, rief sie verwundert aus.

»Verzeiht, ich bin Ruthelm und …«

»Ruthelm?«, unterbrach Gerlind ihn. »Oh, welch eine Freude! Wo kommt Ihr auf einmal her? Und was macht Ihr hier oben auf dem Berg?«

»Ich war auf meinem ersten Kriegszug, und als ich gestern heimkehrte, wollte ich Euch gleich aufsuchen.«

Gerlind strahlte Ruthelm an und senkte leicht den Kopf.

»Wie geht es Euch? Werdet Ihr hier gut behandelt? Warum kommt Ihr nicht heim?«

»Ach Ruthelm, so viele Fragen. Ich bin bereits seit sehr langer Zeit hier. Vater hat vor langer Zeit einem müden Wanderer die Gastfreundschaft verwehrt, und Ihr müsst wissen, dass der Arme damals deshalb beinahe gestorben wäre und viele Tage brauchte, um sich zu erholen. Darum haben die kleinen Leute Vater bestraft, indem sie mich auf diesen Berg lockten. Ich half damals, jenen Wanderer gesund zu pflegen, und mit der Zeit sind mir all die netten kleinen Leute ans Herz gewachsen. Sicher dachte ich oft an Vater, doch ich wusste, dass ich für sein Vergehen Buße tun musste.«

Ruthelm drückte sanft ihre Hand. »Ich wünschte, Ihr würdet mich nun nach Hause begleiten.«

»Das wird sie«, unterbrach Helmar ihr Gespräch.

Voller Schrecken sprang Ruthelm auf die Füße. Er war so in ihr Gespräch vertieft gewesen, dass er Helmar nicht bemerkt hatte, der mittlerweile neben ihnen stand.

»Doch bevor Ihr die holde Maid mit Euch nehmen dürft, müsst Ihr noch ganz allein die Leiter wieder hinabsteigen. Gerlind wird dann unten auf Euch warten.«

»Ich kann mich auf Euer Wort verlassen?«

Helmar lachte leise. »Das werdet Ihr wohl oder übel müssen, denn Ihr wollt doch von Eurer Liebsten nicht verlangen, die steile Leiter hinabzusteigen, oder?«

Ruthelm schüttelte stumm den Kopf und ergriff Gerlinds Hände.

»Vertraut ihm«, lächelte sie ihn an. »Was er verspricht, das hält er auch ein!«

Ruthelm nahm sie noch einmal sanft in den Arm und wandte sich dann der Leiter zu. Es stand ihm ins Gesicht geschrieben, dass ihm der Abstieg nicht leicht fiel. Doch tapfer setzte er einen Fuß auf die oberste Sprosse und winkte Gerlind zum Abschied zu.

»Ich erwarte Euch dann unten«, rief er und machte sich ans Werk. Der Kädrig war mittlerweile wolkenverhangen, und Ruthelm gewahrte deshalb nicht den Abgrund, der sich unter ihm auftat. So gelang ihm der Abstieg unbeschadet, und als er am Fuße des Berges angelangt war, standen dort Gerlind nebst Gunhild und Helmar und erwarteten ihn lächelnd. Ruthelm nickte Helmar kurz zu, fasste Gunhild an beiden Händen und drückte sie sachte. »Ihr seid die Dame, die mir mit dem Glöcklein half. Habt tausend Dank! Ohne Eure Hilfe hätte ich dies nie vermocht.«

Gunhild lachte und entzog ihm beide Hände. »Das war ganz allein Euer Verdienst! Nur durch Eure Tapferkeit habt Ihr den Weg zu Gerlind gefunden. Doch nun solltet Ihr euch auf den Heimweg machen. Der Herr von Lorch wird hocherfreut sein, Euch zu sehen. Aber bevor Ihr entschwindet, möchte ich Euch noch etwas zum Abschied überreichen.« Mit diesen Worten zog sie ein kleines Kästchen aus ihrem Gewand. »Es ist unser Abschiedsgeschenk. Öffnet es, sobald ihr wieder in der Burg seid.«

Gerlind umarmte erst Helmar und dann Gunhild. »Ich werde euch nie vergessen. Ich hoffe, wir werden uns wiedersehen.«

»Du weißt, wo du uns findest«, flüsterte Helmar in ihr Ohr, »doch nun mach dich auf den Heimweg.« Und so entschwanden Ruthelm und Gerlind in Richtung der Burg Lorch. Wie das Wiedersehen zwischen dem Burgherrn und seiner Tochter im Einzelnen verlief, wissen wir nur vom Hörensagen. Doch Sibos Gesundheit verbesserte sich rasch, und schon kurze Zeit später wurde auf der Burg Lorch eine Hochzeit gefeiert. An den Fingern trugen Ruthelm und Gerlind zwei wunderbar gearbeitete Goldringe, die Gunhild ihnen einst in jenem Kästchen überreicht hatte.

Bis zu Gerlinds Tod verblieb Gunhild zu dieser in tiefer Freundschaft. Und immer, wenn auf Burg Lorch ein neues Kind in der Wiege lag, machte sich Gunhild auf den Weg und besuchte Gerlind. Dabei brachte sie jedes Mal ein Geschenk für das neue Erdenkind mit und erfreute sich an dessen Anblick.

Der blinde Schütze auf Sooneck

Wer am Soonwald zwischen Bingen und Bacharach zu einem bestimmten Felsgrat hinauf schaut, sieht dort die stattliche Burg Sooneck gen Himmel ragen. Dort lebten vor langer Zeit einmal sehr gefährliche Raubritter. Der schlimmste und verwegenste von ihnen war Siebold. Kein Reisender, der durch sein Land reiste, war vor ihm sicher. Auch seine Nachbarn lebten in Angst und Schrecken, denn mit jedem, der sich nicht an seinen Raubzügen beteiligte, lag er in Fehde.

Für seinesgleichen hingegen gab er oft zuchtlose Gelage, auf denen der Wein in Strömen floss und buhlerische Weiber sich mit gekräuseltem Haar und angemalten Wangen auf Ruhepolstern räkelten.

So war es auch an diesem Abend. Siebold und die anderen Zecher feierten den leicht errungenen Sieg über einen Zug von friedlichen Kaufleuten.

Musik, Lachen und lautes Geschrei erfüllten den Raum. Alle außer Heinrich genossen das zügellose Gelage. Heinrich hatte sich dem wilden Haufen erst vor ein paar Tagen angeschlossen, und wenn sein Ansinnen für ihn nicht von so großer Bedeutung gewesen wäre, hätte er längst das Weite gesucht. Doch so verweilte er ungeduldig und wartete auf eine passende Gelegenheit, um sich heimlich auf der Burg umschauen zu können. Bisher war er jedoch noch keinen Augenblick allein gewesen, und mittlerweile glaubte er selbst nicht mehr daran, noch an diesem Abend unbemerkt aus dem Festsaal entschwinden zu können. Heinrich ließ seinen Blick hinüber zu dem Burgherrn gleiten, der stolz auf seinem Stuhl thronte und aufschneiderische Geschichten von sich gab. In diesem Moment schmiegte sich eine dicke Matrone an Heinrich.

»Hallo, mein starker Recke«, säuselte sie und schlang ihre feisten Arme um ihn. Angewidert entzog er sich ihrer Umarmung.

»Was ist los mit dir«, lallte sie mit weinschwerer Stimme, »zier dich doch nicht so.«

»Lass es«, brummte Heinrich und stieß das Weib auf den Schoß eines trunkenen Zechers, der direkt neben ihm saß. Dieser zog die Dirne sofort fest an sich, und Heinrich drehte ihnen den Rücken zu. Er bedauerte es nicht, dass er kurzentschlossen an dem Überfall teilgenommen hatte – auch wenn er nichts für das Raubrittertum übrig hatte. Doch so war es ihm ein Leichtes gewesen, in die Burg Sooneck hineinzugelangen. Nur hatte er bisher eben noch keine Gelegenheit gefunden, die Burg zu durchsuchen. Seit Stunden war er nun schon in diesem Festsaal wie gefangen.

»Ich bin der beste Schütze im ganzen Soonwald«, lallte einer der Räuber mit schwerer Stimme, »das hat sich heute bei dem Überfall klar erwiesen.«

»Unsinn, ich bin viel besser als du!«

»Wenn hier jemand diesen Titel verdient, dann doch wohl ich!«

»Halt's Maul!«

»Ich gebe dir gleich eins auf die Nase!«

»Nur zu! Dann werde ich dir zeigen, wer hier der beste Schütze und Kämpfer ist!«

Heinrich betrachtete die Männer, die nun mit den Fäusten aufeinander losgingen. Wie gerne hätte er ihnen gesagt, dass keiner von ihnen diesen Titel verdiente. Doch er schwieg lieber, denn er wollte um keinen Preis auffallen. Daher rückte er von den Männern ab und hielt sich aus ihrem Streit heraus.

»Haltet ein!«, donnerte in diesem Moment die Stimme des Burgherrn durch den Saal. »Anstatt euch zu streiten, solltet ihr lieber anhören, was ich euch zu sagen habe.«

Die Männer hielten kurz inne und sahen zu Siebold hinüber. »Ihr begehrt zu wissen, wer hier der beste Schütze ist? Ich sage euch, keiner kann es mit dem Ungeheuer aus meinem Verlies aufnehmen.«

Die Dirnen duckten sich bei seinen Worten scheu in die Polster, und die Männer vergaßen für einen Augenblick ihren Streit.

»Wachen!«, schrie Siebold, »bringt mir Hans Veit von Fürsteneck!«

Heinrich vermochte kaum zu glauben, was er da gerade gehört hatte. Hastig machte er einen Schritt nach vorne, sodass sein Wein überschwappte. Nun konnte er sicher sein, dass sein Herr hier auf der Burg gefangen gehalten wurde.

»He«, knurrte ein Ritter neben ihm, »du wirst die Bestie schon früh genug sehen!«

Da flammte die Wut in Heinrich auf. Am liebsten hätte er den betrunkenen Spießgesellen angeschrien, dass sein Herr mitnichten eine Bestie, sondern ein frommer und ehrbarer Mann war. Doch unterließ er dies, denn gerade bot sich ihm die Gelegenheit, seinen schon lange verschollen geglaubten Herrn wiederzusehen. Allein, es war völlig ungewiss, wie er an ihn herankommen sollte. Aber in diesem Moment zählte für ihn zunächst nur, dass sein Herr noch lebte und auf dieser Burg war.

Da ertönte ein lautes Hämmern an der Türe des Saales.

»Bringt ihn herein!«, schrie der Burgherr und sprang auf die Füße.

Heinrichs Herz schlug schneller und er starrte gespannt auf die Türe. Langsam wurde diese geöffnet, und geführt von zwei Knechten betrat eine schmutzige, gebeugte Gestalt den Saal. Ihr Haar war stark verfilzt und ihr ungepflegter Bart verbarg die Hälfte ihres Gesichtes. Heinrich stockte der Atem. Dieser gramvolle Gefangene in seinen härenen Kleidern hatte so gar nichts mit seinem stolzen Herrn gemein. Doch in diesem Moment hob der Häftling stolz den Kopf, und ein Raunen ging durch den Saal. Die Weiber versteckten sich zitternd hinter den Raubrittern. Dieser Anblick war zu viel für sie. Heinrich schluckte und schloss kurz die Augen. Der Soonecker hatte seinen Herrn geblendet.

»Wir lagen damals in grimmiger Fehde. Wir kämpften auf Leben und Tod. Aber der, der sich der beste Schütze vom Rhein nennt, unterlag mir im Zweikampf.«

»Wie seltsam sich doch die Wahrheit aus Eurem Munde anhört«, fiel der Gefangene Siebold ins Wort, »Ich war getroffen, blutete aus dreizehn Wunden, und mein Schild und Schwert waren zertrümmert. Ich wartete mannhaft auf den letzten Lanzenstich. Doch man verwehrte mir dies.«

Im Saal herrschte Stille. Niemand wagte das Wort zu erheben, denn die Stimme des Gefangenen schien wie aus einem tiefen Grab zu kommen. Selbst Heinrich erzitterte innerlich bei den bitteren Worten.

»Nun, mir war nicht danach, Euch zu töten«, erklang die Stimme Siebolds von Sooneck in die Stille hinein. »Ich begnügte mich damit, Euch die Augen auszustechen und gesellte Euch meinen anderen Schaustücken hinzu.«

»Meine Augen mögen geblendet sein, doch ich vermag den tiefen Hohn in Eurer Stimme durchaus zu vernehmen«, erwiderte der Gefangene und starrte mit leeren Augenhöhlen in die Richtung des Burgherrn.

»Aber, aber«, erwiderte Siebold gutgelaunt. »Ich werde Euch beweisen, dass hier auf Burg Sooneck ein durchaus ritterlicher Geist herrscht. Was meint ihr, meine Freunde? Soll der beste Schütze vom Rhein uns seine Ehre erweisen?«

Zur Bestätigung begannen nun alle im Saal laut durcheinander zu schreien.

»Nun denn!«, rief Siebold in den Tumult hinein. »Meine Knechte berichteten mir, dass Ihr auch geblendet noch zu treffen vermögt. Drum bringt mir eine Armbrust. Wir wollen sehen, ob sie die Wahrheit gesprochen haben. Sollte es Euch gelingen, nur dem Klange nach einen Becher zu treffen, dann will ich Euch die Freiheit schenken.«

»Der Tod wäre mir lieber als die Freiheit«, murmelte der Herr von Fürsteneck.

Heinrich hatte sich in der Zwischenzeit einen Weg zu seinem Herrn gebahnt und stand nun direkt hinter ihm.

»Versucht es«, flüsterte er leise. »Dann könnt Ihr ihm sein frevelhaftes Tun vergelten.«

Heinrich war sich nicht gewiss, ob sein Herr ihn erkannte, doch vermeinte er zu verspüren, wie bei seinen Worten ein leichter Ruck durch seinen Körper ging.

»Ich will es versuchen!«, rief dieser mit fester Stimme.

Die Gäste drückten sich alle in eine Ecke, sodass sie hinter dem Gefangenen standen.

Der Herr von Fürsteneck ergriff die Armbrust und legte sie an. Im ganzen Saal herrschte Totenstille.

Heinrich blickte zu Siebold hinüber, der einen silbernen Becher nahm und ihn mit aller Kraft zu Boden warf.

»Nun schießt!«, rief Siebold.

Kaum hatte er diese Worte ausgesprochen, da traf ihn ein Pfeil mitten in den geöffneten Mund. Überrascht sah Siebold zu seinem Gefangenen hinüber und begann zu röcheln. Schwankend machte er einen Schritt auf ihn zu. Doch bevor er ihn erreichen konnte, sank er ächzend zu Boden. Alle starrten entsetzt auf den Herrn von Sooneck, der sich noch ein paar Mal hin und her wand und dann still liegen blieb.

Für einige Augenblicke hielt die gespenstische Stille noch an, und alle blickten ungläubig zwischen dem Blinden, der mit starr aufgerissenen Augenhöhlen stumm und still in der Mitte des Saales stand, und dem toten Herrn von Sooneck hin und her. Dann hob ein wildes Geschrei an, und alle flüchteten aus den Saal. Nur Heinrich blieb still neben seinem Herrn stehen und ergriff dessen Hand.

»Heinrich«, flüsterte der Herr von Fürsteneck ergriffen und ließ die Armbrust zu Boden sinken. »Ich habe Euch sogleich an Eurer Stimme erkannt.«

»Mein Herr«, erwiderte Heinrich und schluckte, »ich bringe Euch von hier fort.«

»Wie habt Ihr mich gefunden?«

»Das erzähle ich Euch auf dem Heimweg.«

Mit diesen Worten führte Heinrich den Herrn von Fürsteneck aus dem Saal.

Die Ritter und die Dirnen hatten die Burg bereits verlassen, und Heinrich hatte keine Mühe, seinen Herrn zurück auf dessen Burg zu bringen, wo er freudig von seinem Weib und seinem Kind empfangen wurde. Sie pflegten den Gepeinigten und lebten alle miteinander noch viele Jahre glücklich und zufrieden auf Burg Fürsteneck.

Die sieben Schwestern

Am Rhein unterhalb des Pfalzgrafensteines steht ein herrschaftliches Schloss mit dem Namen Schönberg. Dort lebten vor vielen Jahren sieben Schwestern. Allesamt waren sie von liebreizendem Wesen, doch von abgrundtief hässlichem Antlitz. Sie trugen immerfort einen Schleier, und wenn sie ihn vor einem der Nachbarskinder lüfteten, liefen diese schreiend davon. So kam es, dass sie keine Spielkameraden und Freunde hatten. Dies erfuhr auch die Rheinnixe, die Abend für Abend die traurigen Schwestern am Wasser beobachtete. Sie hatte Mitleid mit den armen Mädchen und schenkte ihnen Schönheit und Anmut, damit ihr Leid ein Ende fände. Von nun an begehrten alle Kinder mit ihnen zu spielen, und niemand vermochte sich ihrem Zauber zu entziehen. Doch die Magie der Schönheit veränderte mit den Jahren ihr Wesen. Waren sie einst von Herzen freundlich gewesen, so wurden sie nun mitleidlos und hochmütig.

Als sie im heiratsfähigen Alter waren, umschmeichelten sie zunächst jeden Freier erst einmal, um ihn dann hartherzig abzuweisen. So mancher der Jünglinge stürzte sich vor Kummer über ihre Zurückweisung in den Rhein. Mit großer Sorge beobachtete dies die Rheinnixe. Gern hätte sie dem herzlosen Treiben ein Ende bereitet, doch sie vermochte den Strom nicht zu verlassen, und die Schwestern mieden seit ihrer Verwandlung dessen Ufer. Eines Tages ließ sich Heidrun, eine junge Maid aus dem Dorf, erschöpft am Rheinufer nieder. Sie wusste nicht, wie viele Stunden sie nun schon umher geirrt war. Eigentlich sollte morgen ihre Hochzeit mit Ritter Jochen gefeiert werden. Doch seit dieser einer der Schönberger Jungfrauen begegnet war, hatte er Heidrun scheint's vergessen. Keine ihrer Nachrichten hatte er beantwortet, und als sie sich besorgt auf den Weg machte, ließ er sie bereits am Burgtor abweisen. Er wollte sie weder sehen noch sprechen, und heute früh hatte ihr ein Bote die Nachricht überbracht, dass er nunmehr von der geplanten Hochzeit Abstand nehmen wolle. Sie vermochte seine Wandlung nicht zu verstehen. Was war nur mit ihm geschehen? Was war aus seinen Schwüren ewiger Liebe geworden? Wie konnte er sie einfach so vergessen? Schluchzend tauchte sie ihre Hände ins Wasser. Ihr Leben schien ihr mit einem Male so sinnlos.

Heidrun lauschte auf das verlockende Glucksen und Plätschern des Rheins und starrte gebannt in die sanft wogenden Fluten. »Es ist ganz einfach«, dachte sie. »Ich muss nur die Augen schließen und mich ins Wasser gleiten lassen. Dann hat all mein Kummer ein Ende.« Vorsichtig setzte sie einen Fuß ins Wasser und hielt für einen Augenblick den Atem an. Das kalte Wasser kribbelte auf ihrer Haut. Doch mutig setzte sie den zweiten Fuß hinein und begann langsam in den Fluss zu steigen. Das kalte Wasser stieg höher und höher an ihr hinauf. Doch Heidrun dachte nur an ihren Kummer und ging Schritt für Schritt weiter. Ihr Rock sog sich voll mit Wasser, und mit jedem Schritt verspürte sie, wie die Strömung mächtiger wurde. Als ihr das Wasser bis zum Bauche reichte, wurde sie plötzlich mit einem Ruck umgerissen. Verzweifelt versuchte sie wieder auf die Beine zu kommen. Doch der nasse Stoff ihrer Röcke war bleischwer und der Sog wurde immer stärker. Ihr Herz raste und ihre Lungen schrien nach Luft. Das Wasser drang ihr in die Nase und Ohren und Lungen, und mit jeder Sekunde wuchsen die Zweifel. War Ritter Jochen das wirklich wert? Durfte sie sich so vor Gott versündigen? Mühsam trachtete sie danach, zurück an die Wasseroberfläche zu gelangen. Doch die Strömung zog sie erbarmungslos immer weiter in die Mitte des Flusses. Voller Verzweiflung ruderte sie mit den Armen, aber die Fluten ließen sie nicht mehr los. Je mehr sie mit den Armen ruderte, umso stärker wurde sie in die Tiefen des Rheins gezogen. Ihre Brust drohte zu platzen, und laut dröhnte es in ihrem Kopf. Ein nie dagewesener Schmerz zuckte durch ihren Körper, bevor ihr endgültig die Sinne schwanden. Mühsam versuchte sie die Augen offen zu halten, doch ihre Kräfte verließen sie. Bevor die Ohnmacht sie umfing, vermeinte sie eine Umarmung zu verspüren.

»Hallo, du! Wach auf!« Eine Stimme drang fordernd an Heidruns Ohr. »Du da! Willst du nicht endlich die Augen öffnen?«

Heidrun blinzelte und begann zu husten. War sie tot? Entkräftet legte sie eine Hand über ihre Augen.

»Na, komm schon«, erklang wieder die Stimme, »nun öffne endlich die Augen.«

Heidrun holte tief Luft und öffnete sie. Jeder Atemzug schmerzte. Doch sie spürte, wie allmählich wieder Leben in ihre schweren Glieder strömte. Mühsam hob sie den Kopf. Voller Erstaunen gewahrte sie, dass sie im weichen Ufergras lag. Wie war sie hierher gelangt?

»Na endlich. Und, geht es dir nun besser?«

Heidrun wandte den Blick zum Wasser hinüber, von wo die Stimme herzukommen schien. Da erblickte sie ein Mädchen, das nur einige Schritte vom Ufer entfernt im Wasser stand und sie beobachtete. Heidrun kniff die Augen zusammen und setzte sich mühsam auf. Das Mädchen schien kaum älter als sie. Ihr langes Haar schillerte wie Perlenmutter und breitete sich wie ein Kleid über ihre Schultern und Hüften aus. Ihr Gesicht war von so großer Anmut und Schönheit, dass Heidrun kaum den Blick von ihr zu wenden vermochte.

Das Mädchen lächelte sie an. »Das war schön dumm von dir«, tadelte sie Heidrun liebenswürdig, »fast wäre es zum Schlimmsten gekommen!«

Erschöpft starrte Heidrun das Mädchen im Wasser an, und als sie sich etwas besser fühlte, fragte sie neugierig: »Wer bist du und warum bist du hier?«

»Nun, ich schwamm gerade zufällig vorbei und sah dort eine junge Maid untergehen.« Das Mädchen schwamm lachend näher, und als sie einen Arm aus dem Wasser hob, sah Heidrun zu ihrem großen Entsetzen, dass sie unbekleidet war. Voller Schrecken wandte sie den Kopf.

»Alles in Ordnung?«

»Ähm, wieso trägst du keine Kleider?«

Das Mädchen lachte schallend. »Du weißt nicht, wer ich bin, oder?«

Heidrun hielt den Kopf abgewandt. »Nein!«

»Nun«, flüsterte die verlockende Stimme plötzlich neben ihr, »dann schau mal genau hin.«

Langsam drehte Heidrun den Kopf. Sie spürte, wie ihr Herz plötzlich schneller schlug, ohne genau zu wissen, warum sie mit einem Male so unruhig war.

Dann riss sie die Augen auf. Nein, nein, nein! Das konnte nicht sein! Das Wasser musste ihre Sinne getrübt haben.

»Nun schau nicht so entsetzt. Oder hast du noch nie in deinem Leben eine Rheinnixe gesehen?«

Heidrun schüttelte den Kopf und starrte auf den schimmernd grünen, ein wenig unter dem Bauchnabel beginnenden und mit zahllosen glitzernden Schuppen bedeckten Fischschwanz.

»Das ist ... das ist ...«

Die Nixe schmunzelte und schlug leicht mit ihrem Schwanz. »Ungewöhnlich?«

Heidrun nickte stumm und überlegte, wie sie am besten über etwas anderes sprechen konnte. »Du hast mich aus dem Wasser gezogen?«, fragte sie also.

Die Nixe lächelte sie sanft an. »Ja, ich habe dich aus dem Wasser gezogen.« Sie unterbrach sich und blickte hinaus auf den Rhein. »Ich kenne zwar nicht den Grund für deine Trauer, doch der Freitod vermag sie auch nicht zu vertreiben.«

Mit einem Male brach der ganze Schmerz aus Heidrun hervor, und sie begann herzzerreißend zu weinen. Die Nixe rutschte ein kleines Stückchen näher und strich ihr sanft mit ihrer kühlen Hand über den Arm.

»Aber, aber ... Warum weinest du denn gar so sehr? Willst du mir nicht erzählen, was dich bedrückt? Vielleicht vermag ich dir ja zu helfen.«

Heidrun wandte den Kopf ab und schluchzte leise vor sich hin. Konnte sie der Wassernixe trauen? Sie hatte bisher nie etwas Gutes über Nixen gehört. Sie versuchen nur die Menschen ins Wasser zu locken, um sie ins Verderben zu reißen. Nachdenklich sah sie hinaus aufs Wasser. Aber diese hier schien anders zu sein. Schließlich hatte die Nixe sie aus dem Wasser gezogen und ihr damit das Leben gerettet.

»Hab Dank für deine Hilfe«, flüsterte sie daher, »aber ich glaube nicht, dass du mir zu helfen vermagst.«

»Das können wir erst wissen, wenn du mir den Grund erzählt hast.«

Heidrun wischte sich die Tränen aus den Augen und schluckte. »Ich war so verzweifelt, dass ich meinem Leben ein Ende setzen wollte.«

Kaum hatte sie die ersten Worte gesprochen, da sprudelte auch schon alles nur so aus ihr heraus. Die Nixe hörte ihr geduldig zu, und als Heidrun fertig war, saß sie lange schweigend neben ihr. Heidrun beobachtete ihr Mienenspiel und fragte sich, was wohl in ihr vor sich gehen mochte. Ihr Gesicht war reglos, doch ihre grünen Augen leuchteten gespenstisch.

»Ich bin wohl nicht ganz unschuldig an deinem Unglück«, antworte die Nixe plötzlich.

»Warum? Du hast meinen Jochen doch nicht verändert!«

»Nein, das wohl nicht. Aber ich war es, die vor vielen Jahren den Schönberger Schwestern ihre Schönheit und Anmut verlieh.«

»Oh, derartiges vermagst du zu tun? Das Aussehen eines Menschen zu verändern?«, unterbrach Heidrun sie.

Die Nixe lächelte sie unergründlich an und fuhr mit ihrer Erklärung fort. »Leider hatte ich nicht mit dem Hochmut und der Boshaftigkeit gerechnet, die – angespornt durch ihr nunmehr schönes Antlitz – in ihre Herzen Einzug gehalten haben. Ich betrachtete ihre Veränderung schon lange voll großer Sorge und musste mit ansehen, wie sich viele junge Freier in die Fluten des Rheins stürzten, weil sie die Schmähungen der sieben Jungfrauen mit den Herzen aus Stein nicht ertragen konnten. Ich würde meine Tat gerne ungeschehen machen und jene für ihre Hartherzigkeit strafen. Doch ich komme nicht von dem Rheinufer weg, und solange sie nicht an den Strom kommen, bin ich in dieser Angelegenheit machtlos.«

»Aber du konntest doch nicht vorhersehen, wie jene sich verändern würden.«

»Nein, dies ist wohl wahr. Aber ich würde ihrem Treiben gerne ein Ende setzen, damit sie nicht noch mehr Menschen ins Unglück stürzen.«

Heidrun nickte zustimmend. »Das kann ich gut verstehen. Wenn ich könnte, dann würde ich dir gerne dabei helfen.«

»Das würdest du tun?«

»Ja«, flüsterte sie, »wenn ich es könnte, dann würde ich es tun, allein schon aus Dank dafür, dass du mich gerettet hast.«

Die Nixe blickte Heidrun lange und schweigend aus ihren unergründlichen Augen an, bis dieser ganz seltsam zumute wurde.

»Wenn du genügend Mut aufbringst, mag es uns gemeinsam gelingen.«

Heidrun nickte zaghaft und die Nixe legte ihr ihren Plan dar. Heidrun hörte ihr gespannt zu, und je länger die Nixe redete, umso mehr sank ihr Mut.

»Ich weiß nicht, ob ich das vermag«, murmelte sie.

»Nun, wenn du es nicht versuchst, werden wir es nie herausfinden, oder?« Die Nixe schenkte Heidrun ein gewinnendes Lächeln und berührte sachte ihre Wange.

»Du wirst es vollbringen«, murmelte sie, und ihr leiser Singsang schien Heidruns Körpers zu durchfluten. Diese bemerkte erstaunt, wie ihre Angst allmählich schwand.

»Ich werde es versuchen, noch heute Abend«, versprach sie.

Die Nixe klatschte erleichtert in die Hände und ließ sich anmutig zurück ins Wasser gleiten. »Dann warte ein paar Minuten«, rief sie, »ich muss nur schnell etwas holen.« Mit diesen Worten verschwand sie in den Fluten des Rheins.

Heidrun sah gespannt auf den Fluss und dachte über all das nach, was ihr die Nixe berichtet hatte. Bisher hatte sie diese ungewöhnlichen Geschöpfe nur aus Erzählungen gekannt. Ob sie dies alles wirklich erlebte? Oder war es doch nur ein Traum? Ungeduldig erhob sie sich und schritt langsam am Ufer einher. Je mehr Zeit verstrich, um so mehr glaubte sie, dass sie die Begegnung nur geträumt hatte. Seufzend wandte sie sich vom Ufer ab, um sich auf den Heimweg zu begeben.

»Warte«, erklang da eine Stimme, »ich will dir doch noch etwas mitgeben!«

Heidrun drehte sich wieder um und gewahrte, wie die Nixe ans Ufer schwamm und ihr dabei lachend zuwinkte. Heidrun trat an die Uferböschung und nahm ein kleines Gefäß entgegen, das die Nixe in den Händen hielt.

»Hier, das wirst du brauchen«, sagte sie, » und nun solltest du dich aber auch gleich auf den Weg machen. Es wird bald dunkel, und dann wird diese Gegend zu gefährlich für dich. Achte also gut auf dich und hab viel Glück.«

Heidrun nahm das kleine Gefäß an sich. »Ich gehe gleich los. Aber …«, sie sah die Nixe zweifelnd an, »wie soll ich an den Wachen vorbeigelangen, und woher weiß ich denn, ob dein Plan gelingt, und wie kann ich dir Bescheid geben?«

Die Nixe lachte leise. »Ich werde gewiss bemerken, ob unser Plan gelungen ist. Glaube mir, das wird mir nicht entgehen. An den Wachen kommst du sicherlich ganz leicht vorbei. Vertraue mir.« Langsam schwamm sie zurück in den Rhein. »Doch nun spute dich!«, rief sie und winkte ihr nochmals zu. Dann war sie in den Fluten des Rheins verschwunden, und wenn Heidrun nicht das kleine Gefäß in der Hand gehalten hätte, hätte sie abermals geglaubt, alles nur geträumt zu haben.

So schnell es ihr mit den nassen Röcken möglich war, rannte sie heim und zog sich um. Dann holte sie einen großen Krug feinsten Weins aus dem Keller und machte sich damit auf den Weg zum Schönberger Schloss.

Auf dem Weg dorthin wanderten ihr viele Fragen durch den Kopf. Konnte sie wirklich bis in die Schlossräume gelangen? Und wie um alles in der Welt sollte sie den Plan ausführen? Je näher sie dem Schloss kam, umso ängstlicher wurde ihr zumute.

Ein paar Schritte vor den Wachen blieb sie stehen und atmete tief ein. Ihr Mut sank immer mehr, und schon war sie im Begriffe, zurückzugehen. Doch da vernahm sie mit einem Male in ihrem Kopfe den Gesang der Nixe, und sogleich kehrte ihr Wille zurück.

Mit einem Lächeln auf den Lippen trat sie vor die Wachen. »Einen wunderschönen guten Abend, meine Herren. Ich soll den hohen Damen einen herrschaftlichen Wein für ihr Fest bringen. Bitte gewährt mir Einlass.«

Die Wachen sahen Heidrun forschend an, während diese hoffte, sie würden ihr wild klopfendes Herz nicht hören können.

»Werdet Ihr denn erwartet?«, fragte einer der Wachposten.

»Nein«, erwiderte Heidrun und senkte den Blick, »es soll eine Überraschung sein.«

»Dann dürfen wir Euch keinen Einlass gewähren«, erwiderte der Wächter, woraufhin Heidruns Mut wieder beträchtlich sank.

»Aber die hohen Damen werden sich sicherlich sehr über den lieblichen Wein freuen«, versuchte sie abermals ihr Glück und lächelte ihr lieblichstes Lächeln, »sie werden Euch bestimmt überaus dankbar dafür sein.«

»Kommt gar nicht in Frage«, schnauzte sie der zweite Wachmann an, »wir haben unsere Befehle, und niemand betritt unerwünscht das Schloss. Also trollt Euch!«

Heidrun zuckte bei seinem harschen Ton zusammen und sah noch einmal sehnsüchtig durch das Tor.

»Nun macht schon«, fuhr sie der zweite Wachmann an, »wenn Ihr nicht sofort verschwindet, werdet Ihr im Kerker enden.«

Voller Schrecken wich Heidrun zurück und wandte sich ab. Es gab wohl keine Möglichkeit, an den Wachposten vorbeizukommen.

»Wartet!«, schrie plötzlich eine Stimme hinter ihr. »Wir warten schon auf die neue Dienerin mit der Weinlieferung!« Heidrun drehte sich um und sah einen rotgesichtigen Mann am Tor stehen, der wohl Diener des Schlosses war.

»Warum lasst ihr sie nicht passieren?«, schimpfte er los und sah die Wachposten wütend an.

»Sie sagte, sie würde nicht erwartet«, brummte einer der Wachmänner.

»Ich habe keine Zeit für Eure dummen Entschuldigungen«, brauste der Diener auf. »Kommt mit!«, rief er ungeduldig und winkte Heidrun zu. »Wir haben nicht viel Zeit.«

Heidrun schlüpfte schnell an den Wärtern vorbei.

»Folgt mir. Wir machen uns auf den direkten Weg zum Festsaal. Den Gästen geht langsam der Wein aus, und die Herrinnen sind darob gar nicht erbaut.«

Heidrun nickte und folgte ihm ins Innere des Schlosses. Sie staunte, wie wundervoll und herrschaftlich alles eingerichtet war.

»Hier entlang«, riss der Diener sie aus ihren Betrachtungen. »Dort hinter der Tür befindet sich der Festsaal.«

Heidrun starrte die große Holztür ängstlich an.

»Beeilt Euch und schenkt den Herren Rittern nach!« Die Stimme des Dieners erklang barsch an ihrem Ohr, und ehe sie etwas antworten konnte, hatte er die Tür geöffnet und sie in den Festsaal geschoben. Lautes Stimmengewirr und Gelächter erklangen aus allen Ecken, und sie zog sich ihren Schleier fester um das Gesicht. Dabei bewunderte sie die vielen Kerzenleuchter und das üppige Bankett.

»Hallo, Schöne«, erklang eine Männerstimme am Tisch der sieben Schwestern. »Starr keine Löcher in die Luft, sondern bringe uns lieber den Krug Wein!«

Diese Worte erinnerten Heidrun an den Grund ihres Besuches. Geschwind trat sie an den Tisch und begann, die Trinkbecher der Herren zu füllen.

Plötzlich spürte sie eine Hand an ihrem Arm. »Kennen wir uns nicht?«, lallte eine trunkene Stimme neben ihr.

Heidrun schüttelte leicht den Kopf und ging weiter. Ihr Herz schlug bis zum Hals, und sie glaubte, dass es jeder im Raum hören müsste. Sie hatte die Stimme sehr wohl erkannt. Es war Jochens, und sie wollte ihm auf gar keinen Fall in die Augen sehen.

»He du!«, brüllte er, als Heidrun zum nächsten Ritter weiterging. »Willst du wohl stehen bleiben, wenn ich mit dir rede!«

Heidrun unterdrückte ein Schluchzen und füllte den nächsten Becher. Er durfte sie auf gar keinen Fall ansehen. Dann wäre alles verloren.

»Her damit!«, schrie Jochen und entriss ihr den Krug. Scheppernd knallte er ihn auf den Tisch, und bevor Heidrun sich wehren konnte, hatte er ihr den Schleier vom Gesicht gerissen. Mit zusammengekniffenen Augen starrte er sie an. Heidrun wusste nicht, was sie jetzt noch tun sollte. Gebannt schaute sie ihm mitten in die Augen und hoffte auf ein liebes Wort oder eine vertraute Geste. Doch seine Augen blickten sie kalt und leer an.

»Gibt es etwa Unbill?«, erklang plötzlich eine liebliche Stimme neben Heidrun. »Ist meine Dienerin unhöflich zu Euch?«

Heidrun wandte den Kopf und blickte in zwei wunderschöne, veilchenblaue Augen. Alles an der jungen Frau neben ihr schien zu strahlen. Ihre lieblichen Gesichtszüge wurden von goldenen Locken umrahmt, und für einen kurzen Augenblick vergaß Heidrun, wie kalt und herzlos die Augen sie ansahen.

»Und?«, fragte sie abermals.

»Ich kenne sie«, triumphierte Jochen, »das war einst einmal meine Braut!«

»Eure Braut?« Die junge Frau schürzte die Lippen. »Oh ...«

Jochen wandte sich ihr zu und lächelte sie verliebt an. Als Heidrun dies sah, wollte ihr Herz zerspringen und sie trat unwillkürlich einen Schritt zurück.

»Habt keine Sorge«, umschmeichelte Jochen die Schlossherrin, »das war, lange bevor Ihr mein Herz berührtet. Jetzt ist sie mir völlig gleichgültig.«

»Ich will Euch gerne glauben«, erwiderte die Schöne und hauchte Jochen einen Kuss auf die Wange. »Beweist mir Eure Liebe und schafft jene hinfort aus meinen Augen!«

Jochen verbeugte sich leicht und ergriff Heidrun unsanft am Arm. »Wie Ihr wünscht.« Mit diesen Worten zerrte er Heidrun in Richtung Tür.

»Jochen«, weinte Heidrun, »du tust mir weh!«

»Geschieht dir Weibsbild ganz recht. Wie kannst du es wagen, mir nachzuschnüffeln?«

»Ich ...«, begann Heidrun. Doch bevor sie ein weiteres Wort über die Lippen zu bringen vermochte, stieß Jochen die Türe auf.

»Wachen!«, brüllte er ungehalten.

Der Wachmann, der an der Türe stand, blickte sie verwundert an.

»Entferne diese Person aus dem Schlosse! Sofort!«

»Jochen«, flehte Heidrun abermals.

»Schaff sie fort«, knurrte Jochen, »bevor ich mich vergesse.«

Der Wachmann nickte und packte Heidrun am Arm. »Wie Ihr wünscht.«

»Haltet ein!«, erklang plötzlich die Stimme der jungen Schlossherrin. »Ein solch frevelhaftes Betragen muss bestraft werden. Sie soll in den Kerker geworfen werden!« Sie musterte den Wachmann kalt. »Du verbürgst dich dafür, dass dies auch geschieht. Solltest du mich hintergehen, wirst du es bitter bereuen.« Mit diesen Worten hakte sie sich bei Jochen unter. »Und dann gehst du sofort wieder zurück auf deinen Posten.«

Der Wachmann schloss die Tür und schob Heidrun wortlos vor sich her.

»Bitte lasst mich gehen«, flehte sie.

»Das kann ich nicht«, erwiderte der Wachmann abweisend, »denn dann verliere ich Lohn und Brot oder gar mein Leben.«

Heidrun weinte leise vor sich hin. Sie hatte versagt. Nun würde sie als Gefangene im Kerker des Schlosses enden.

Sie gelangten an eine kleine Türe.

»Kerkermeister!«, brüllte der Wachmann. »Ich habe Arbeit für dich.«

Es verstrich einige Zeit, bis die Tür geöffnet wurde. Ein zahnloser fetter Glatzkopf trat heraus und musterte Heidrun gierig. »Oh, welch hübsches Ding! Fein. Ich werde mich gerne um sie kümmern.«

Heidrun lief es kalt den Rücken hinunter. Es war offensichtlich, dass der Kerl nichts Gutes im Schilde führte.

»Sie soll im Kerker verschwinden«, brummte der Wachmann und drehte sich um.

»Aber sicher«, grinste der Kerkermeister hämisch, »doch vorher wollen wir etwas Spaß zusammen haben.«

»Mach, was du willst«, sprach der Wachmann und eilte davon.

»Nein!«, schrie Heidrun auf. »Lasst mich nicht mit ihm allein!«

Doch der Wachmann war bereits verschwunden.

»Du bist nicht zu verachten«, lachte der Kerkermeister und begann Heidrun grob zu betasten. »Ich werde meine Freude mit dir haben.«

Heidruns Kehle schnürte sich zu, und der ranzige Geruch des Mannes verursachte ihr Übelkeit. Sie hatte schon genug Schauergeschichten gehört, um zu ahnen, was ihr nun bevorstand.

»Rührt mich nicht an!«, schrie sie deshalb verzweifelt, und sie versuchte sich zu befreien.

»Wehr dich ruhig«, hauchte der Kerl ihr ins Ohr. »Das gefällt mir.«

Heidrun wand sich und versuchte seinen forschen Fingern zu entkommen. Jede seiner Berührungen brannte ihr auf der Haut, und sie drohte ohnmächtig zu werden.

Der Kerkermeister presste sie gegen die Wand, und sein stinkender Mund kam immer näher. Doch just in diesem Moment erzitterte das ganze Schloss und eine höllische Musik ertönte aus allen Ecken.

»Was zum Teufel ist das?«, schrie der Kerkermeister und ließ von Heidrun ab.

Diese nutzte seine Verwirrung und rannte los. Von überall schien die Musik herzukommen, und es mischte sich wildes Frauengeschrei darein.

Heidrun lief spornstreichs zum Tor des Schlosses und blieb dort wie angewurzelt stehen. Der Himmel hatte sich verdunkelt und Windböen zerrten an ihren Röcken. Doch das Erstaunlichste waren die sieben Paare, die wild sich drehend den Berg hinuntertanzten. Die Menschen auf dem Schloss indes liefen laut schreiend durcheinander. Allein die sieben Ritter des Festbankettes schienen ihre Freude an dem Spektakel zu haben, denn sie tanzten immer wilder im Kreise und zogen die sieben Schwestern dabei mit sich in Richtung des Rheins. Heidrun beeilte sich, ihnen zu folgen, denn Sie wollte um keinen Preis versäumen, was nun geschehen würde.

Kaum waren sie an dem Rheinufer angekommen, da begann das Wasser des Stromes zu brodeln und zu schäumen. Donner und Blitze wechselten sich in rascher Folge ab, und Heidrun wagte sich nicht weiter in die Nähe des Wassers. Die Jünglinge tanzten noch eine Zeitlang am Ufer. Ihnen schien das wilde Getöse nichts auszumachen. Doch die sieben Schwestern schrien um die Wette. Heidrun konnte im Schein der Blitze deutlich das Entsetzen in ihren Gesichtern sehen.

Dann, wie von einer geheimen Macht angezogen, tanzten die Ritter in den Rhein hinein. Der Sturm schwoll noch weiter an, und die Blitze und Donnerschläge wurden immer stärker. Heidrun versteckte sich hinter einem Strauch und hielt sich die Ohren zu. Gebannt starrte sie in die tosenden Fluten, und da glaubte sie eine kleine Gestalt mit wehenden Haaren auf den Wellen zu erkennen. Doch diese war nur für einen kurzen Moment in dem hellen Schein eines Blitzes zu sehen, und Heidrun war sich nicht sicher, ob ihre Augen ihr nicht einen Streich gespielt hatten.

Dann, mit einem Male, wurde es still. Alles beruhigte sich, und der Rhein lag friedlich in seinem Bett. Nichts deutete mehr auf das wilde Getöse hin, dass noch vor ein paar Augenblicken die Luft erfüllt hatte.

Heidrun kroch aus ihrem Versteck und sah sich erstaunt um. Von den sieben Schwestern fehlte jede Spur. Die Herren Ritter saßen verdutzt am Rheinufer, und Heidrun hörte sie sich erstaunt gegenseitig fragen, wie sie wohl hierher gekommen waren.

Wo aber waren die sieben Schwestern geblieben? Heidrun blickte suchend umher, aber sie vermochte sie nirgendwo zu entdecken. Von ihnen fehlte jede Spur!

Stattdessen ragten nun sieben spitze Felsen aus dem Wasser. Auf einem davon erkannte sie eine zierliche Gestalt, die ihr zuwinkte. Da erahnte Heidrun, was geschehen sein mochte. Die Rheinnixe hatte die sieben Schwestern wohl wegen ihrer unmenschlichen Härte in sieben Felsen verwandelt.

Seit diesem Tage ragen bei Niedrigwasser sieben spitze Felsen aus dem Rhein. Bei den Rheinschiffern sind sie als die sieben Jungfrauen bekannt.

Manche glauben, dass die sieben Schwestern erlöst werden könnten, wenn ein Mächtiger diese sieben Felsen aus dem Rhein bergen und sie als Säulen für eine fromme Kapelle verwenden würde. Doch bisher hatte sich niemand gefunden, der dies tun wollte. Was indes aus Heidrun und Jochen geworden ist, weiß keine Überlieferung zu erzählen.

Die Jungfrau auf der Loreley

Einst lebten unzählige Wasserjungfrauen am Fuße des Loreleyfelsens, wo die Ufer von immergrünen Wiesen und dichten Wäldern umgeben waren und funkelnde Paläste der Jungfrauen aus den rauschenden Fluten des Rheins ragten. Doch irgendwann kamen die ersten Menschen an den Fluss. Sie begannen die Wiesen zu bebauen und die Bäume zu fällen, um Häuser und Schiffe zu fertigen. Bald zogen große Kähne und Schiffe durch die Wasser des Stromes, und die Wasserjungfrauen mussten traurig mitansehen, wie ihr Idyll zerstört wurde. So geschah es, dass sie eines Tages beschlossen, den Loreleyfelsen zu verlassen. Ihre prächtigen Paläste versanken im Rhein, und bald waren sie nur noch eine vage Legende in den Erinnerungen der Menschen. Nur eine einzige Wasserjungfrau konnte sich nicht von dem geliebten Ort trennen. Sie trotzte dem Lärm der Menschen und saß oft in der Abenddämmerung auf der Spitze des Felsens und kämmte im vergehenden Sonnenlicht ihr leuchtendes Haar. Dabei gedachte sie der alten Zeiten und ihrer geliebten Schwestern, die sich nun ein anderes Heim gesucht hatten. Wehmütig sang sie ihre traurigen Weisen und sandte so einen Gruß über die Wellen des Rheins hinfort zu ihren Schwestern. Dass die Menschen mit ihren Schiffen oft an den gefährlichen Klippen zerschellten, wenn sie sang, kümmerte sie nicht. Überhaupt verschwendete sie keinen Gedanken an die Eindringlinge unten am Fuße des Berges.

Nun trug es sich zu, dass in der Zeit des Mittelalters ein junger Ritter, der Sohn des Grafen von der Pfalz, den Entschluss fasste, den Loreleyfelsen zu besteigen, um der Jungfrau persönlich ins Antlitz zu schauen. Dass er zuvor die gefährlichen Strudel des Rheins bezwingen musste, bevor er den Berg erklimmen konnte, vermochte ihn nicht abzuschrecken. Nein, es spornte ihn eher noch an. So kam der Tag, an dem er mit seinem Knappen einen Nachen bestieg und sich auf den Weg machte.

»Lasst mich zu dem Herrn Grafen!«, rief der Knappe Philipp. »Es ist von höchster Wichtigkeit!«

»Nein, Ihr seid nass und verströmt einen sehr unangenehmen Geruch. So lasse ich Euch mitnichten in die Gemächer des Grafen eindringen. Geht Euch erst erfrischen!« Der Diener des alten Grafen sah angewidert zu Philipp hinüber, der zitternd vor ihm stand. »Dann könnt Ihr gerne wiederkommen!«

»Aber es ist von höchster Dringlichkeit! Es würde unnötig Zeit verschwendet, wenn ich mich erst umkleiden müsste.«

Der Diener schüttelte abermals den Kopf. »Nein! Es gibt nichts, was von so großer Dringlichkeit sein könnte, dass ich Euch in diesem Aufzug in seine Gemächer eindringen ließe. Außerdem muss ich ihn erst fragen, ob ihm Euer Besuch zu diesem Zeitpunkt genehm ist!«

»Dann geht endlich hinein und meldet mich an! Ihr vergeudet kostbare Zeit mit diesem Palaver!«

»Ich melde Euch erst an, wenn Ihr wieder würdig ausseht!«

Philipp trat an dem Diener vorbei und legte eine Hand auf den Türknauf. »Dann bin ich gezwungen, die Gemächer des Grafen wohl ohne Ankündigung zu betreten!«

»Was erlaubt Ihr Euch!«, schrie der Diener aufgebracht und packte Philipp ungehalten an seinem nassen Hemd. »Trollt Euch auf der Stelle! Ansonsten rufe ich die Wachen und lasse Euch in den Kerker werfen!«

Philipp wandte sich aus dem Griff des Dieners und drückte diesen gegen die Wand. »Ich lasse mich nicht von Euch aufhalten. Ich werde …«

Just in diesem Moment öffnete sich die Kammertür, und das wütend dreinblickende Antlitz des Grafen kam zum Vorschein. »Was geht hier vor sich? Was soll dieser Lärm? Was machst du mit meinem Diener? Lass ihn sofort los!«

»Verzeiht, Herr Graf«, beeilte sich Philipp zu sagen und entließ den Diener aus seinem Griff.

»Es hat seine Ordnung!«, knurrte nun auch der Diener und richtete sein Gewand. »Nur eine kleine Meinungsverschiedenheit. Der Herr Knappe begehrte gerade wieder zu gehen!«

»Nein, Herr Graf!«, rief Philipp da und zwängte sich an dem Diener vorbei. »Verzeiht mein Aussehen und mein Benimm! Doch bin ich im Besitze einer höchst wichtigen Nachricht für Euch! Es geht um Euren Sohn!«

Der Graf trat nun ganz aus der Tür und betrachtete Philipp von oben bis unten. »Was hast du mir zu berichten? Was ist mit meinem Sohn?«

»Er ist verschwunden!«

»Was?«

Philipp rieb sich unter dem harten Blick des Grafen verlegen die Wange. »Ja«, flüsterte er, »wir sind heute Nachmittag mit einem Nachen an den Loreleyfelsen gefahren, weil Euer Herr Sohn unbedingt einen Blick auf die Jungfrau auf dem Felsen erhaschen wollte. Er wusste, dass sie am späten Nachmittag dort immer im Sonnenlicht ihr Haar kämmt.«

»Ihr seid mit einer so leichten Nussschale an den Felsen herangefahren, obwohl ihr wusstet, dass dort gefährliche Strudel herrschen?«

»Euer Herr Sohn war wie besessen von dem Gedanken. Ich versuchte ihn von dem Wagnis abzubringen, doch es gelang mir nicht.«

»Berichtet weiter!«

»Als wir unterhalb des Felsens angelangt waren, begann die Jungfrau zu singen. Ihre Stimme war betörend. Wir müssen für einen Augenblick unaufmerksam gewesen sein, denn plötzlich erfassten die Wellen des mächtigen Stromes unseren Kahn, und er zerschellte an einer Klippe! Ich wurde auf einen Felsvorsprung geschleudert und musste hilflos mitansehen, wie Euer Herr Sohn in den Fluten versank. Ich versuchte noch, ihn zu ergreifen, doch ich vermochte es nicht! Er verschwand in den Tiefen des Stromes und kam nicht mehr zum Vorschein. Ich schrie um Hilfe, und ein Fischer nahm sich meiner an. Mit seinem Boot suchten wir nach dem Herrn Ritter, doch er blieb verschwunden.«

»Nein!«, schrie der Graf und packte Philipp voller Zorn an seinem Hemdkragen. »Das kann nicht sein! Er hat sich sicherlich ans Ufer retten können! So wie Ihr! Wir müssen sofort auf die Suche gehen!«

»Nein«, wisperte Philipp und senkte den Kopf, um dem schmerzverzerrten Blick des Grafen zu entgehen. »Wir haben wirklich alles nach ihm abgesucht. Er ist in den Fluten des Rheins versunken!«

Der Graf ließ ihn los und stieß erneut einen lauten Schrei aus. »Das darf nicht sein! Das ist nicht wahr! Nicht mein Sohn!«

Angelockt von dem Geschrei des Grafen, erschienen einige Diener auf dem Gang.

»Ruft alle verfügbaren Ritter und Knechte zusammen! Wir machen uns auf die Suche nach meinem Sohn! Und sollten wir ihn nicht finden, dann holt mir diese Hexe vom Felsen herunter! Sie soll für ihr Vergehen büßen!« Mit diesen Worten wandte er sich Philipp zu. »Und Ihr werdet die Männer begleiten und ihnen den Weg weisen.« Philipp nickte und entfernte sich, um sich rasch frische Kleider überzuziehen. Dann machte er sich mit den Knechten des Pfalzgrafen auf den Weg.

Zu dieser Stunde saß die Wasserjungfrau auf der Kuppe des Felsens und ließ ihren Blick stumm über den Strom gleiten. Dies nutzten die Männer aus und fuhren mit ihren Booten ungehindert an den Berg heran. Der tiefe Schmerz des Grafen spornte sie an, und so gelangten sie so nah wie noch kein Mensch vor ihnen an die Felswand heran. Philipp erklomm als erster den Berg, und als er die Jungfrau auf der Spitze des Felsens sitzen sah, keuchte er außer Atem: »Dort ist sie! Ergreift sie und stürzt sie hinab in die Fluten! Sie soll kläglich ertrinken, wie unser junger Herr Ritter!«

Kaum hatte Philipp zu Ende gesprochen, da drehte die Jungfrau anmutig den Kopf und erhob sich. Dabei griff sie zu ihrem Halse, und Philipp gewahrte, wie sie eine lange Perlenkette abnahm und in den Rhein warf. Dabei breitete sie die Arme aus und rief mit betörend schöner Stimme über den Rhein:

»Vater, geschwind, geschwind!
Die weißen Rosse schicke deinem Kind!
Es will reiten mit Wogen und Wind!«

Kaum war die Wasserjungfrau verstummt, da stiegen zwei riesige Wellen aus dem Rhein. Die Männer erschraken und liefen den Berg in anderer Richtung hinab, weil sie fürchteten, von den Fluten verschluckt zu werden. Nur Philipp blieb wie angewurzelt stehen und starrte auf die schäumenden Wassermassen, die sich vor ihm auftürmten. Als die tosenden Wellen den Berg hinaufrollten, schienen sie sich in silbrig schimmernde Rosse zu verwandeln. Wie erstarrt gewahrte er, wie die Wasserjungfrau auf eines dieser Wasserrosse stieg, sich noch einmal kurz zu ihm umdrehte und dann über die Wellen hinab mitten in den Rhein ritt und darin verschwand.

Wie der Pfalzgraf die Kunde vom Verschwinden der Wasserjungfrau aufgenommen hat und was aus dem tapferen Knecht Philipp geworden ist, weiß die Legende nicht zu berichten. Nur, dass die Wasserjungfrau von diesem Tage an nicht mehr auf dem Loreleyfelsen gesichtet wurde, ist sicher überliefert.

Die Marksburg

Hoch über den Ufern des Rheins thront die stolze Marksburg. Sie hieß einst Burg Brubach – nach dem gleichnamigen Ort, wo sie stand. Und hier auf Brubach lebte einst der Herr von Eppstein, dessen Tochter Elisabeth von großer Schönheit war. Keine Jungfrau stromauf oder stromab kam ihrer an Anmut und Schönheit gleich. So geschah es, dass viele Freier von nah und fern um sie warben. Sie wurden alle freundlich empfangen, doch keiner berührte ihr Herz. Erst als der edle Siegbert von Lahnstein seine Aufwartung machte, änderte sich dies. Bereits vom ersten Augenblick an waren sie sich in inniger Liebe zugetan, und schon bald schmiedeten sie zärtliche Zukunftspläne. Doch der Krieg des Kaisers Rudolf von Habsburg vereitelte ihre Hochzeit. Siegbert musste, wie alle Junker und Ritter, gegen König Ottokar in den Krieg ziehen.

Ihr Abschied war tränenreich und Elisabeth wurde von dunklen Vorahnungen gequält. Doch so schwer ihnen der Abschied auch fiel, Siegbert musste sich dem Kaiser anschließen. Die Monate gingen ins Land, und als der Krieg endlich zu Gunsten des Habsburgers mit dem Sieg auf dem Marchfeld beendet war, kehrte Siegbert nicht mit den anderen edlen Rittern heim. Schlimmer noch für Elisabeth: Siegbert galt als verschollen. Sie versank in tiefer Trauer und wollte von einem neuen Freier nichts wissen.

Der Herr von Eppstein nahm viele Monate Rücksicht auf ihre Trauer, doch eines Tages drängte er seine Tochter zu einer neuen Verbindung. Ein junger Ritter mit dem Namen Rochus von Andechs hatte ihm seine Aufwartung gemacht und um Elisabeths Hand angehalten. Er war nach der Jahresfrist wie aus dem Nichts aufgetaucht und gab an, ein Vetter Siegberts zu sein. Er beanspruchte dessen Hab und Gut und zog in Burg Lahneck, den Sitz Siegberts, ein. Sein Betragen wurde von vielen als sehr unschicklich empfunden, und auch Markus, der junge Kaplan der Burg Brubach, beäugte den Fremden argwöhnisch.

An einem sonnigen Nachmittag sah Bruder Markus unbehaglich zu Elisabeth hinüber. Erst heute früh hatte sie ihm unter Tränen berichtet, dass sie noch lange nicht über Siegberts Verlust hinwegkommen würde und keinesfalls ein neues Verlöbnis eingehen wolle. Doch sie konnte sich nicht länger gegen die Wünsche ihres Vaters zur Wehr setzen. Er war der Meinung, dass ein Trauerjahr ausreichen müsse, um den Verlust des Geliebten zu verwinden. Darum hatte er Rochus von Andechs in seine Burg eingeladen. Elisabeth sollte ihn kennenlernen, und er konnte ihr persönlich seine Aufwartung machen. Elisabeth hatte mit allen Mitteln versucht, dieses Treffen zu verhindern, doch ihr Vater war unnachgiebig geblieben.

Markus gewahrte, dass Elisabeth seufzend in seine Richtung blickte. Wie gerne hätte er ihr ein paar aufmunternde Worte gesagt und ihr tröstend die Hand gedrückt, doch sie saß zu weit entfernt, und so musste er sich mit einem freundlichen Lächeln begnügen. Just in diesem Moment öffnete sich die Tür, und ein Diener führte einen schwarz gekleideten jungen Mann herein.

Markus blickte den stattlichen Herrn genau an und verspürte sofort eine tiefe Abneigung. Jener war von einer dunklen, geheimnisvollen Schönheit, doch ging von ihm eine so unaussprechliche Kälte aus, dass es ihn schauderte. Erschrocken sah er zu Elisabeth hinüber. Doch was er gewahrte, versetzte ihn in tiefes Erstaunen. Elisabeth lächelte dem Fremden verträumt entgegen! Bemerkte sie denn nicht das Unheimliche in seinem Blick?

Die Stimme des Herrn von Eppstein riss Markus aus seinen Gedanken. »Seid gegrüßt, Herr Rochus von Andechs.«

Der Ritter neigte leicht den Kopf. »Es ist mir eine Ehre, von Euch und Eurer liebreizenden Tochter hier empfangen zu werden.«

»Es ist uns eine Ehre, dass Ihr Euch auf den mühevollen Weg hier herauf gemacht habt.« Rochus von Andechs legte seine rechte Hand auf seinen Wams und wandte sich Elisabeth zu. »Mir war es ein tiefes Bedürfnis, Eurer Tochter persönlich die Aufwartung machen zu dürfen.« Mit stechenden Augen musterte er sie. »Mir wurde so viel von Euch berichtet«, lächelte er sie gewinnend an. »Doch keine Worte vermögen Euren Liebreiz treffend zum Ausdruck zu bringen. Keine Minne vermag Eurer Schönheit und Anmut gerecht zu werden.« Galant verneigte er sich, und Markus bemerkte, wie Elisabeth geschmeichelt die Augen niederschlug. Es war kaum zu übersehen, dass der Ritter sie beeindruckte. »Mein Herz ist Euer, meine Schönste!«

Elisabeths Wangen röteten sich, und Markus musste anerkennen, dass der junge Ritter es verstand, ihr mit Worten zu schmeicheln.

»Ich bin mir durchaus darob im Klaren«, fuhr Rochus fort, » dass Euer Herz noch an meinem unglücklichen Vetter Siegbert hängt. Doch trotz alledem möchte ich ganz feierlich um Eure Hand anhalten. Ich werde alles in meiner Macht Stehende tun, um Euch über diesen Verlust hinwegzuhelfen.«

Markus war erstaunt, wie wenig die Worte des jungen Recken zu seinem Blick passten. So freundlich und schmeichelnd seine Rede auch war, seine Augen schienen kalt und gefühllos. Nur hin und wieder blitzte wildes Begehren in ihnen auf.

Rochus ergriff Elisabeths Hand. »Ich hoffe, Ihr fühlt Euch durch mein forsches Auftreten nicht belästigt. Allein, Eure Schönheit raubt mir den Verstand, und ich vermag kaum noch einen vernünftigen Satz auszusprechen, geschweige denn Gedanken zu fassen.«

»Ihr seid sehr galant«, lächelte Elisabeth und entzog ihm ihre Hand. »Und es ehrt mich, dass Ihr mich zu Eurem Weibe nehmen wollt.«

»Jedoch nicht galant genug, um Euer Herz anzurühren«, unterbrach der Ritter sie seufzend.

»Ihr habt durchaus recht. Mein Herz gehört immer noch Eurem Vetter Siegbert, und ich gebe die Hoffnung nicht auf, dass er am Ende doch noch zu mir zurückkehrt.«

»Ich vermag Euren Wunsch zu verstehen«, lächelte Rochus, und es schauderte Markus, als er Bosheit in dessen Augen aufleuchten sah. »Aber ich muss Euch leider verkünden, dass mein Vetter niemals zu Euch zurückkehren wird.«

»Nein«, murmelte Elisabeth erbleichend. »Das glaube ich nicht!«

»Es tut mir wirklich unendlich leid. Aber ich weiß es mit Gewissheit, denn er ist in meinen Armen verstorben.«

»Nein!«, schrie Elisabeth und verkrampfte ihre Hände.

»Verzeiht vielmals! Aber ich dachte, Ihr wüsstet, dass er auf dem Marchfeld gefallen ist.«

»Ihr müsst Euch täuschen!«

Rochus zog leicht die Brauen zusammen und trat einen Schritt auf Elisabeth zu. »Niemals würde ich Euch die Unwahrheit sagen. Seine letzten Worte galten Euch! Er bat mich, Euch zu beschützen, und bevor er für immer die Augen schloss, rief er Euren Namen; Elisabeth!«

Elisabeth stürmte schluchzend aus dem Saal. Markus blickte ihr erschüttert hinterher. Am liebsten wäre er ihr sofort nachgeeilt, doch Höflichkeit und Sitte verbaten es ihm, sich in diesem Moment zu erheben. So blieb er stumm sitzen und sah zu dem Herrn von Eppstein hinüber, der bisher der Unterhaltung schweigend gefolgt war.

»Also haben sich die schlimmsten Befürchtungen meiner Tochter bewahrheitet.«

Für einen Augenblick schwieg der Herr von Eppstein, und Markus hoffte inständig, dass er den Ritter von Andechs vertrösten würde, damit Elisabeth die Gewissheit ihres Verlustes erst einmal verkraften könne.

»Ich wollte Eure Tochter nicht verletzen.«

»Ihr habt keinen Grund, Euch zu rechtfertigen. Ich muss mich für das Betragen meiner Tochter schämen. Es war sehr unziemlich von ihr, so kopflos aus dem Zimmer zu stürmen.«

Der Ritter von Andechs neigte leicht den Kopf. »Nun, ich gestehe, dass mich ihre plötzliche Flucht nicht besonders erfreut. Doch ich will großzügig sein und darüber hinwegsehen.«

»Das ist sehr freundlich von Euch.« Der Herr von Eppstein ging nachdenklich hin und her. »Es sind nun viele Monate ins Land gegangen, seit der Krieg beendet wurde. All die Zeit habe ich ihr Hoffen und Bangen geduldet. Doch nun, wo sie sicher weiß, dass ihr Verlobter niemals wieder zurückkehren wird, ist es an der Zeit, dass sie sich mit seinem Verlust abfindet.«

Markus schloss kurz die Augen und schluckte. Wie froh er doch war, dass Elisabeth die harten Worte ihres Vaters nicht anhören musste.

»Besteht also noch Hoffnung, dass Eure Tochter meinem Werben nachgeben wird?«

»Ganz sicher wird sie Eurem Werben nachgeben«, erwiderte der Herr von Eppstein entschieden. »Mir ist viel an einer Verbindung mit Eurem Hause gelegen, und meine Tochter wird sich meinen Wünschen fügen!«

Markus sah das begehrliche Aufblitzen in Rochus' Augen und fragte sich still, warum dem Herrn von Eppstein die darin verborgene Kälte nicht gleichsam gewahr wurde.

»Erlaubt mir die Frage, wann es zu unserer Hochzeit kommen mag?«

»Ich werde meiner Tochter entschieden zu dieser Heirat raten«, erwiderte der Herr von Eppstein. »Doch ich will ihr eine Woche Zeit zugestehen, damit sie sich mit dem Gedanken vertraut machen kann. Zudem kann ich in dieser Zeit alles für das Fest vorbereiten. Darum beehrt uns in einer Woche wieder. Dann wollen wir Eure Hochzeit feiern.«

Markus atmete seufzend aus, als er das hörte, und sofort verspürte er den stechenden Blick des Ritters Rochus auf sich gerichtet. Herausfordernd hob er den Kopf und sah dem jungen Ritter in die Augen. Auch wenn er innerlich verkrampfte angesichts so vieler Kälte, ließ er sich doch nichts anmerken.

»Dann hoffe ich, dass wir in einer Woche wirklich Hochzeit feiern können und es sich die Jungfer Elisabeth nicht anders überlegt«, erwiderte Rochus und ließ Markus dabei nicht aus den Augen.

»Dies wird ganz sicher nicht geschehen«, antwortete der Herr von Eppstein und reichte Rochus zum Abschied die Hand.

»Dann will ich frohen Mutes sein«, erwiderte Rochus und wandte sich zur Tür. »Gott zum Gruße«, sagte er und entschwand.

Markus wandte sich dem Herrn von Eppstein zu. »Noch auf ein Wort, mein Herr«, begann er.

»Ach Markus, seid so nett und lasst mich allein. Ich muss vieles überdenken, und bis zur Hochzeit bleibt nicht viel Zeit. Außerdem solltet Ihr Eure Zeit nutzen und die Hochzeitspredigt schreiben.«

»Genau darum geht es. Meint Ihr nicht, dass Elisabeth etwas mehr Zeit braucht, um sich an den Herrn von Andechs zu gewöhnen? Eine Woche ist recht kurz.«

»Nein! Da bin ich ganz anderer Meinung. Sie hat lange genug getrauert, und nun ist es an der Zeit, den Blick wieder nach vorne zu richten. Eine bessere Partie als den Herrn Ritter von Andechs wird sie allemal nicht finden! Doch nun entschuldigt mich!« Mit diesen Worten öffnete er die Tür und sah Markus auffordernd an.

Markus verstand, dass er nun nicht länger Gehör finden würde, und verließ den Raum. Besorgt machte er sich auf die Suche nach Elisabeth. Er wollte ihr in diesen schweren Stunden zur Seite stehen, doch vermochte er sie nirgends zu finden. So begab er sich tief betrübt in die kleine Burgkapelle und betete um Beistand.

Die Tage vergingen, und Bruder Markus verschloss tapfer die Augen vor dem bunten Durcheinander, das in der Burg Einzug hielt. Selbst als seine kleine Kapelle festlich geschmückt wurde, tat er so, als würde es ihn nicht betreffen. Auch die Gäste, die nach und nach die Räume der Burg bezogen, übersah er geflissentlich. Seine Augen waren stets auf der Suche nach Elisabeth. Aber diese ließ sich in dem regen Treiben nicht blicken. Ein paar Mal sah er aus der Ferne den Ritter von Andechs in der Burg umhergehen, und jedes Mal schauderte es ihn.

Erst am Abend vor der Hochzeit suchte Elisabeth ihn in der festlich geschmückten Burgkapelle auf.

»Bruder Markus?«, rief sie zaghaft von der Tür aus in die Kapelle, »seid Ihr hier?«

Markus trat hinter seinem kleinen Altar hervor und ging eilig auf sie zu. »Es freut mich, dass Ihr den Weg zu mir gefunden habt. Ich vermisste Euch die ganze Zeit.«

Elisabeth seufzte und ließ sich auf die vorderste Bank sinken. »Ich hatte mich von all dem Trubel zurückgezogen. Ich brauchte Zeit, um alles, was gesagt worden ist, zu begreifen. Ich bin erfüllt von tiefer Trauer um meinen geliebte Siegbert, der nun niemals mehr zu mir zurückkehren wird.«

Markus sah das Weh in ihren Augen und umfasste sanft ihre Hände. »Er verweilt nun in einer besseren Welt.«

Elisabeth sprach tonlos: »Ja, das ist auch mir der einzige Trost. Und bereits morgen früh wird die Trauung stattfinden.«

»Empfindet Ihr denn etwas für den Herrn von Andechs?«

»Er ist eine sehr starke Erscheinung, und ich kann nicht leugnen, dass mich seine dunkle Männlichkeit auch verlockt. Doch ich fühle, dass mein Herz nicht frei ist. So wird jener niemals den Platz Siegberts einnehmen können.«

»Dann solltet Ihr ihn auch nicht heiraten! Euer Vater sollte Euch mehr Zeit schenken.«

Elisabeth lächelte wehmütig. »Glaubt mir, gerne würde ich seinen Antrag ablehnen. Doch wie lange soll ich mir Zeit lassen? Die Wunden werden niemals verheilen. Außerdem lässt mein Vater mir keine andere Wahl.«

Markus erhob sich und ging in der kleinen Kapelle auf und ab. »Ich kann Euren Vater nicht verstehen! Er muss doch einsehen, dass diese Eile nicht vonnöten ist. Ja, in der Tat ist sie sogar schlecht für Euch!«

»Kein Mann wird jemals mit Siegbert an Sanftmut und Güte gleichkommen. Aber zumindest ist der Ritter Rochus ein stattlicher Herr und wird mich gut beschützen.«

»Er mag reich sein an Besitz, doch er ist arm an Gefühl! Merkt Ihr denn nicht, wie viel Kälte sich hinter seinem Lächeln verbirgt?«

Elisabeth schwieg für eine Weile, dann stand sie ebenfalls auf und trat vor den kleinen Altar. »Ihr habt durchaus recht, wenn Ihr sagt, dass er kein sehr gefühlvoller Mensch zu sein scheint. Trotzdem will ich ihm vertrauen. Vielleicht verbirgt er sein weiches Herz hinter einer rauen Schale. Immerhin ist er sehr freundlich. Nun ist die Vermählung entschieden und ein Rückzug würde Schande über meine Familie bringen. Das kann ich meinem Vater nicht antun! Außerdem würde er meine Weigerung nicht dulden, er lehnt weiteren Aufschub ab. Glaubt mir, ich habe sehr wohl versucht, ihn umzustimmen. Allein, es ist hoffnungslos!«

»Es gibt doch so viele andere Freier, die um Eure Hand anhalten!«

»Ach, Bruder Markus. Was sollte das ändern? Niemals wird ein anderer Mann Siegberts Platz einnehmen können. Also warum sollte ich mich weiter sträuben? Ich muss mich seinem Willen beugen. Morgen früh werdet Ihr mich in den Stand der Ehe führen.« Elisabeth erhob sich und lächelte Markus an. »Darum wird der Gang morgen für mich nicht so schwer. Wenn Ihr Eure Gebete über meine Trauung sprecht, wird alles gut werden. Doch nun muss ich zurück in meine Kammer.« Ein letztes Mal drückte sie seine Hände und verließ mit einem Lächeln die kleine Kapelle.

Markus blieb fassungslos zurück, das soeben Gehörte hallte in ihm nach. Er wollte es einfach nicht wahrhaben. Warum ließ der Herr von Eppstein seiner Tochter nicht etwas mehr Zeit? Warum gewahrte er nicht, dass seine Tochter in ihr Unglück lief? Markus erhob sich, ging zu dem kleinen Altar und kniete davor nieder.

»Heiliger Markus«, murmelte er, »ich erheische Deinen himmlischen Beistand. Die Jungfer Elisabeth schwebt in höchster Gefahr. Ich fühle ganz deutlich, dass der Ritter von Andechs nichts Gutes im Schilde führt. Aber ich kann nichts dagegen unternehmen. Der Herr von Eppstein will diese Verbindung mit aller Gewalt, und kein Wort kann ihn davon abbringen. Es geht hier um Elisabethens Lebensglück und Seelenheil. Oh heiliger Markus, bitte, steh mir bei!«

Markus senkte betrübt das Haupt und versuchte die fröhlichen Klänge aus dem Burghof und dem Rittersaal zu überhören, welche die kleine Burgkapelle erfüllten. Die Hochzeitsgäste waren mittlerweile alle eingetroffen und feierten bereits jetzt ausgelassen das bevorstehende Fest. Er musste schwer schlucken und blinzeln, um die aufsteigenden Tränen zu unterdrücken. Was sollte er denn nur tun? Wenn Elisabeth etwas zustieße, würde er sich zeitlebens Vorwürfe machen.

Da begann plötzlich der Altar zu leuchten. Zuerst war es nur ein kleines Licht, dann nahm es an Größe zu, schien über ihm zu schweben und erhellte die ganze Kapelle mit einem himmlischen Glanz.

»Da du reinen Herzens um meine Hilfe flehst«, erklang eine Stimme an Markus' Ohr, »will ich dir zur Seite stehen.«

Mit Staunen hob Markus den Kopf und blickte in das Antlitz des heiligen Markus, seines Namenspatrons.

Voller Demut senkte er sein Haupt wieder und verspürte den tiefen Frieden, der von der Erscheinung ausging. »Ich danke Euch«, flüsterte er ergriffen. »Bitte, sagt mir, was ich tun soll!«

»Du musst die unschuldige Jungfrau vor dem Manne erretten, der sich Rochus von Andechs nennt. In Wahrheit gehört er zu den Fürsten der Finsternis und hat nur Böses im Sinn.«

»Oh, glaubt mir, das würde ich nur zu gerne tun! Doch ich weiß nicht, wie ich dies bewerkstelligen soll!«

»Darum bin ich hier! Ich werde dir helfen. Hier, nimm dies!«

Markus hob den Blick und schaute auf ein silbernes Kreuz.

»Drücke dem Handlanger des Leibhaftigen dieses geheiligte Kreuz auf den Körper, so wird das edle Fräulein gerettet.«

Kaum hatte Markus das Kreuz in Empfang genommen, da verflüchtigte sich die Erscheinung, und Markus blieb allein in der dunklen Kapelle zurück. Ergriffen sank er auf die Knie, schloss die Augen und begann ein Gebet. Tiefe Ruhe und Frieden machten sich in seinem Herzen breit.

Schon früh erwachte die Burg am nächsten Tag zum Leben, und man traf die letzten Vorbereitungen für das große Fest. Markus hielt sich im Hintergrund und betrachtete alles mit einem stillen Lächeln auf den Lippen.

Freudig sah er Elisabeth entgegen, die langsam auf die kleine Kapelle zuschritt und einen Meter vor ihm stehenblieb. Ihr Antlitz war von einem bestickten Schleier verdeckt, doch er vermeinte ihren wehmütigen Blick zu spüren. Gerne hätte er ihr von seiner gestrigen Erscheinung berichtet, doch da trat bereits der Ritter von Andechs mit klirrenden Sporen neben sie und blickte Markus abschätzig an.

Für einen Augenblick betrachtete Markus all die Festgäste von nah und fern, die auf Bänken vor der Kapelle Platz genommen hatten, denn da die Kapelle zu eng war, sollte die Trauung unter freiem Himmel abgehalten werden. Fast tat es ihm leid, dieses schöne Fest zerstören zu müssen. Doch dann blieb sein Blick an Rochus von Andechs hängen, und er wusste, dass es sein musste.

»Wollen wir nun endlich mit der Zeremonie beginnen«, zischte der Ritter ungeduldig. »Oder seid Ihr nicht willens oder fähig, das feierliche Gelōbnis zu sprechen?«

Hatte Markus vor ein paar Minuten noch Zweifel gehegt, so war er jetzt fest entschlossen, dem Ganzen ein Ende zu bereiten.

»Wir sind heute hier zusammengekommen, weil zwei junge Menschen den heiligen Bund der Ehe schließen wollen«, begann er und umfasste das kleine Kreuz mit seiner Hand, »doch bevor ich mit der Zeremonie beginne, will ich euch von etwas Bedeutendem Kunde geben. Hier ist einer, der nicht das ist, was zu sein er vorgibt!«

Ein Raunen ging durch die Menge, und der Ritter von Andechs trat drohend einen Schritt auf Markus zu.

»Was soll das bedeuten?«, knurrte er.

Markus ließ sich von dessen drohender Haltung nicht beeindrucken. »Gestern Abend hatte ich eine Vision, und der heilige Markus schickte mir Erleuchtung! Diese Ehe darf vor Gott dem Herrn nicht geschlossen werden!«

Kaum hatte Markus zu Ende gesprochen, da begannen alle Gäste wild durcheinander zu reden.

»Es genügt!«, donnerte Rochus und packte Markus beim Kragen seiner Soutane. »Ihr sollt nun das Ehegelübde sprechen. Doch da Ihr dazu anscheinend nicht in der Lage seid, werde ich Euch entfernen und ...«

Da erhob Markus schnell das Kreuzlein, das er von seinem Namenspatron bekommen hatte, und drückte es Rochus auf die Brust. »Mir macht Ihr keine Angst!«, rief er jenem entgegen. »Fahrt zur Hölle, Fürst des Bösen! Dieser edlen Jungfer werdet Ihr kein Leid zufügen!«

Rochus schrie gellend auf und stolperte zurück. Das kleine Kreuz schien sich durch sein Wams in seine Haut zu brennen. Verzweifelt versuchte er es abzuschütteln, doch es fraß sich immer tiefer in ihn hinein.

»Fahrt zur Hölle! Fahrt zur Hölle! Fahrt zu Euresgleichen!«, rief Markus immer wieder, und Rochus taumelte weiter rückwärts.

»Was habt Ihr da getan?«, schrie der Herr von Eppstein und sprang von seinem Sitz hoch, um Rochus zur Hilfe zu eilen.

Doch in diesem Moment ging an dem Ritter eine unheimliche Veränderung vor. Seine Gliedmaßen verkrampften sich, und sein Gesicht verzog sich zu einer unheimlichen Fratze. Wild zuckten seine Beine, als sich seine Füße in harte Hufe verwandelten. Ein unmenschliches Geräusch drang tief aus seiner Kehle, und aus blutunterlaufenen Augen starrte er Markus an, der sich schützend vor Elisabeth gestellt hatte.

Erschrocken wichen alle Gäste zurück, und Elisabeth sank ohnmächtig zu Boden.

»Fahrt dorthin zurück, von wo Ihr hergekommen seid!«, rief Markus, den Sieg nahe vor Augen.

Brüllend stampfte Rochus mit seinen Hufen wild auf dem Felsboden auf. Dann streckte er seine Arme nach Markus aus und taumelte ihm entgegen. Doch da öffnete sich der Felsen unter ihm, und Rochus verschwand mit einem markerschütternden Schrei in der Tiefe.

Kaum war die Ausgeburt der Hölle verschwunden, liefen alle Hochzeitsgäste los und stürmten aus der Burg. Außer Markus nahm niemand von der völlig verstörten Elisabeth Notiz, die benommen auf dem Boden lag. Behutsam half er ihr auf die Füße und führte sie in die Kapelle. Er versuchte sie zu beruhigen, doch Elisabeth vermochte ihr Zittern nicht zu bändigen. Markus erzählte von seinem Patron, der ihm in der Nacht erschienen war, um sie vor jenem dunklen Ritter zu erretten. Doch nichts konnte Elisabeth beruhigen, und irgendwann wusste man keinen anderen Ausweg, als sie ins benachbarte Kloster zu bringen, wo die Schwestern sich liebevoll um sie kümmerten. Elisabeth sollte die Klostermauern zeitlebens nicht mehr verlassen. Was aus Bruder Markus wurde, weiß die Sage nicht zu berichten. Doch die Burg, in welcher der heilige Markus das soeben geschilderte Wunder vollbrachte, nannten die Menschen von diesem Tage an die »St. Markusburg«, woraus später der Name »Marksburg« wurde.

Korporal Spohn

Es gibt viele große Persönlichkeiten. Eine davon stammt aus dem schönen Koblenz und war einst mein bester Freund. Damit seine Geschichte nicht in Vergessenheit gerät, will ich sie heute erzählen. Seit der Dreikaiserschlacht zwischen Napoleon, Zar Alexander und Kaiser Franz bei Austerlitz sind viele Jahrzehnte ins Land gegangen. Damals, im Jahre 1805, waren wir noch junge Recken. Jetzt sitze ich altersschwach im Lehnstuhl und schwelge nur noch in den Erinnerungen. Ich erinnere mich noch ganz genau an jeden Augenblick der Schlacht. An den Tag, an dem ich meinen Freund zum letzten Male sah. Es kommt mir manchmal so vor, als wäre es erst gestern gewesen.

»Vorsicht!«, schrie Spohn hinter mir und hob seine Waffe. Noch bevor ich etwas unternehmen konnte, erklang ein lauter Schuss und ein Kosake fiel neben mir vom Pferd.

»Das war knapp!«, rief Spohn und nickte mir zu. »Die Kerle sind aber auch überall!«

Ich schaute auf den Toten neben mir und blickte dann an meinem Freund vorbei. Dort sah ich Kaiser Napoleon stolz auf seinem Schimmel direkt in den vordersten Reihen reiten. Ich runzelte die Stirn, denn dies schien mir doch recht gewagt. Die Gefahr, dass der Kaiser der Franzosen vom Feind eingeschlossen wurde, war sehr groß. Spohn folgte meinem Blick und schien das gleiche zu denken. »Hoffentlich geht das gut. Die Kosaken ziehen ihren Ring immer enger. Sieht er denn nicht, dass sie uns immer mehr einkreisen?«

»Verdammt!«, schrie Spohn auf einmal und beschleunigte seinen Schritt. Ich war so in Gedanken vertieft, dass ich unwillkürlich mit ihm loslief. Was war denn überhaupt geschehen? Gehetzt schaute ich mich um, ob sich abermals ein Feind hinterrücks anschlich. Doch da war niemand zu sehen.

»Jetzt wird es aber allerhöchste Zeit zu handeln. Napoleon ist in größter Gefahr!«

»Was? Wer?« Ich war total verwirrt und verstand nicht, was Spohn meinte.

»Napoleon!«, rief Spohn mir zu und beschleunigte seinen Schritt noch. Erst jetzt sah ich, dass Napoleon mit seinem Schimmel im rasenden Galopp in unsere Richtung über das Schlachtfeld eilte. Die Einheit, mit der er in die Schlacht geritten war, wurde beinahe gänzlich aufgerieben, und er versuchte die Situation doch noch zu seinen Gunsten zu retten. Er hatte einen kleinen Vorsprung, da sein Pferd besonders schnell war, doch die Kosaken waren ihm bereits dicht auf den Fersen. Wir liefen an dem dichten Gehölz vorbei, und ich begann mich zu fragen, wohin der Kaiser wollte. Zurück konnte er nicht, denn dann wäre er den Feinden direkt in die Arme geritten. Doch vor ihm lag dichtes Buschwerk, und dahinter lagen zwei sumpfige Teiche, die er nicht überqueren konnte. Napoleon saß in der Falle!

Schlagartig beschleunigte sich mein Puls.

»Sire«, erklang in diesem Moment die Stimme meines Freundes Spohn, »schnell, gebt mir Euer Pferd und Euren Hut! Ich werde die Kosaken in die Irre führen, und Ihr könnt Euch in Sicherheit bringen und für Entsatz sorgen.«

Ich blieb auf der Stelle stehen und blickte zu Napoleon hinüber, der vor Spohn anhielt und vom Pferd sprang. Eilig schleuderte er Spohn seinen dreieckigen Hut zu. Dieser fing ihn geschickt auf und warf Napoleon stattdessen seine Korporalsmütze zu. Mit einem Satz war Spohn auf dem Pferd und zog den Dreispitz tief in seine Stirn.

Napoleon indes verlor keine Zeit. »Guter Soldat!«, rief er. »Haltet sie solange auf, bis ich mit der Nachhut komme!« Geschwind setzte er sich die Korporalsmütze auf und rannte eilig davon.

»Das wird ein Spaß!«, rief Spohn und preschte davon. Mir wurde angst und bange um meinen Freund. Das konnte doch niemals gut gehen, und ich hatte keine Möglichkeit, ihm zu helfen. Sofort setzten die Kosaken Spohn nach, und eine wilde Verfolgungsjagd begann.

Spohn entwischte seinen Verfolgern immer wieder, und schon begann ich zu hoffen, dass er sich in Sicherheit bringen könnte. Ich versteckte mich in dem dichten Geäst des Buschwerks und beobachtete meinen tapferen Freund dabei, wie er die Feinde zum Narren hielt. Ich machte mein Gewehr bereit und schoss so manchen Kosaken vom Pferd. Doch es waren der Feinde einfach zu viele. Irgendwann verließen den Schimmel des Kaisers die Kräfte, und schließlich umzingelten die Kosaken Spohn. Es gab nun kein Entkommen mehr für ihn. Ich hielt vor Schreck den Atem an. Was würden die Kosaken wohl tun, wenn sie gewahrten, dass es nicht der Kaiser war, den sie da gefangen hatten? Würden sie ihn einfach gehen lassen? Noch überlegte ich fieberhaft, wie ich meinem Freunde helfen konnte, als die Kosaken ihn bereits vom Pferd zerrten und ihm den Hut vom Kopf rissen. Für einen kurzen Augenblick hielten sie inne und starrten stumm in Spohns feixendes Gesicht. Aber bevor ich auch nur einen Schritt in seine Richtung tun konnte, fielen die Kosaken mit wütendem Geschrei über Spohn her und schlugen mit blinder Wut auf ihn ein. Ich schloss die Augen und schluckte. Mein Freund hatte seine tapfere Tat mit seinem Leben bezahlt.

Noch heute erzählen sich die Leute von dem Koblenzer Helden, der mutig das Leben seines Kaisers gerettet hatte.

»Der große Korporal Spohn, war größer als Napoleon.«

Napoleon ging am Ende als Sieger aus der Dreikaiserschlacht hervor, aber dies nur, weil mein tapferer Freund Spohn ihm durch seine heldenhafte Tat das Leben gerettet hatte.

Rolandseck und Drachenfels

Am Ufer des Rheines stand einst auf dem Drachenfels eine stolze Burg. Dort hauste vor vielen Jahrhunderten ein alter Kämpfer. Seine Frau war schon in jungen Jahren verstorben, und seit diesem Tage war seine Tochter sein ganzes Leben. Manche wissen zu berichten, dass sein Name Heribert gewesen sei und seine liebreizende Tochter den Namen Hildegund trug. Hildegund hatte bereits seit den Kindertagen einen guten Freund, der gen Südwesten auf der anderen Rheinseite auf der stolzen Burg Rolandseck aufwuchs. Schon bald vertiefte sich diese Freundschaft, die mit den Jahren zu einer innigen Liebe heranwuchs. Wie es zu jener Zeit üblich war, trat der junge Roland bereits in jungen Jahren in die Dienste des Königs ein und verweilte selten auf der väterlichen Burg, denn der Franke Karl zog von einem Krieg in den nächsten. Trotzdem nutzte Roland jede nur erdenkliche Minute, um zu Hildegund zu eilen, wenn er auf der väterlichen Burg weilte. Der alte Heribert war dem tapferen Krieger nicht abgeneigt, und so mag es niemanden verwundern, dass er hoch erfreut war, als der junge Held eines Tages um die Hand seiner Tochter anhielt. Leider stand zu diesem Zeitpunkt wieder ein Kriegszug bevor, und so beschloss man, die Hochzeit abzuhalten, wenn Roland heimgekehrt war.

»Vater!«, rief Hildegund aufgeregt. »Ich hörte gerade, dass Ihr Nachricht von Roland erhalten habt. Wie geht es ihm? Wann wird er zurückkehren aus dem fernen Spanien?«

Der alte Heribert starrte weiter aus dem Fenster und vermied es beharrlich, seine Tochter anzublicken. In seiner rechten Hand hielt er die Nachricht, die ihn so in Aufruhr versetzte. »Vater?« Hildegund trat neben ihren Vater und sah ihm ängstlich ins Gesicht. In den letzten Wochen und Monaten war ihr Herz von so vielen widerstreitenden Gefühlen erfüllt gewesen! Sehnsucht und manchmal auch tiefe Sorge hatten sich mit Zuversicht und bangen Ahnungen abgewechselt. Oft war ihr ganz plötzlich das Herz schwer geworden, und sie hatte nicht anders gekonnt, als in kummervolles Weinen auszubrechen. Sie gewahrte sehr wohl, wie sehr ihr Vater unter ihren Ängsten litt. Daher mied sie es, über ihre Furcht zu sprechen.

»Wer sagt dir, dass die Nachricht von Roland ist?«

Hildegund blieb verwirrt vor ihrem Vater stehen und presste die Hände zusammen. »Wollt Ihr damit andeuten, dass doch keine Nachricht von ihm gekommen ist? Der Brief trägt doch sein Siegel.«

Heribert hob den Brief leicht an und seufzte. »Ach, mein Engel«, flüsterte er traurig und nahm sie unvermittelt in die Arme. Hildegund wusste nicht, was in dem Brief stand, doch drohte eine tiefe Angst ihr Herz zu zerreißen.

»Ist ihm etwas zugestoßen? Vater, bitte, was steht in der Nachricht?« Hildegund schloss für einen kurzen Moment die Augen. Ihr Herz schlug ihr bis zum Hals, und jeder Atemzug fiel ihr schwer. Schon seit ein paar Wochen erlitt sie solche plötzlichen Schwindelanfälle, wenn sie wegen Rolands langer Abwesenheit der Kummer überkam. Sie atmete tief ein und aus und versuchte sich zu beruhigen, denn sie wollte vor ihrem Vater keine Schwäche zeigen. Allzu deutlich erinnerte sie sich noch an jenen Nachmittag, an dem sie ihre Trauer nicht mehr bändigen konnte und weinend vor ihm zusammengebrochen war. Doch seine Sorge hatte ihren Kummer nur noch verstärkt, und daher hatte sie seit diesem Tage jedes Gespräch über Roland gemieden.

»Ich weiß nicht, wie ich dir die Kunde darbringen soll.«

»Ist er tot?« Hildegund legte ihre Hand aufs Herz und starrte ihren Vater mit vor Schreck geweiteten Augen an. »Vater, was ist geschehen?«

»Bereits vor einigen Wochen bekam ich eine Nachricht, dass der große Karl einen schweren Stand gegen die Übermacht der Mauren hat.«

»Davon habt Ihr mir gar nichts berichtet.«

»Ich wollte dich nicht beunruhigen, mein Kind. Doch nun schreibt man mir, dass Roland im Tal von Ronceval gefallen ist, als er tapfer den Rückzug der königlichen Truppen deckte. Dein Bräutigam ist auf dem Schlachtfeld als Held gestorben.«

Hildegund starrte ihren Vater mit weit aufgerissenen Augen an. Genau vor diesem Augenblick hatte sie sich stets gefürchtet. Ihr wurde schwindlig, und alles begann sich um sie herum im Kreise zu drehen. »Nein!«, schrie sie noch, und verzweifelt versuchte sie sich am Arme ihres Vaters festzuklammern, bevor eine dunkle Ohnmacht sie umhüllte.

Viele Tage gingen ins Land, und nur ganz langsam erholte sich Hildegunde von diesem Schrecken. Lange musste sie das Bett hüten, und in den ersten Tagen vermochte sie weder etwas zu essen noch etwas zu trinken. Sie gewahrte sehr wohl, wie viel Kummer sie ihrem Vater damit bereitete. Doch war sie vor Gram des Lebens überdrüssig geworden.

»Hildegund«, flehte Heribert tagein tagaus. »Iss doch bitte, damit du wieder zu Kräften kommst.«

Eines Morgens nahm sie dann endlich die dargebotene Schüssel und blickte ihren Vater traurig an. »O Vater, bitte, so lasset mich doch gehen. Dann bin ich endlich wieder mit meinem geliebten Roland vereint.«

»Kind, versündige dich nicht vor Gott! Wenn Er sich entschlossen hat, Roland zu sich zu holen, so musst du diese Prüfung annehmen.«

Hildegund sah ihren Vater nachdenklich an. »Vielleicht habt Ihr recht«, erwiderte sie leise.

»Dies ist eine Prüfung Gottes, und als solche werde ich sie annehmen. Er hat mir den Bräutigam genommen, damit ich Seine Braut werde.«

»Was meinst du damit?«

Es schien so, als würde ihr dieser Entschluss neue Kraft verleihen. »Ich werde allem Weltlichen entsagen und in ein Kloster eintreten.«

»Hildegund, nein«, erwiderte Heribert entsetzt. »Das kannst du nicht ernst meinen. Bitte überdenke diesen Entschluss noch einmal.«

»Nein, Vater! Jetzt, wo es ausgesprochen ist, weiß ich, dass es der richtige Weg ist. Ich hätte dies schon viel früher erkennen müssen.«

»Warum willst du dich in einem Kloster verstecken? Das wäre ganz gewiss nicht in Rolands Sinne.«

»Vater, ich werde niemals wieder einen anderen Mann lieben können. Darum will ich mich ganz der Liebe zu Gott widmen.«

»Aber dafür musst du doch nicht unbedingt in ein Kloster gehen. Fromm und gottesfürchtig leben kannst du doch auch hier. Hildegund, verlasse mich nicht!«

»Vater, bitte, macht mir den Abschied nicht noch schwerer. Ich sehe deutlich meinen Weg, und habt Ihr nicht oft gesagt, dass man seiner Bestimmung folgen muss?«

Hildegund sank zurück auf ihr Lager und lächelte glückselig vor sich hin. Nun wusste sie, wie ihr weiterer Lebensweg aussehen würde.

Schon wenige Tage später begab sie sich auf die Insel Ruleicheswerth, heute besser bekannt als Nonnenwerth, und legte dort ihr Gelübde ab. Über ihre Zeit im Kloster ist nicht viel bekannt. Manche berichten, dass sie mehr als alle anderen fastete und allen weltlichen Dingen entsagte. Dagegen opferte sie sich hingebungsvoll der Krankenpflege und verschwendete nie einen Gedanken an ihre eigene Gesundheit. So vergingen viele Monate und Jahre. Mit der Zeit wurde sie allmählich kraftlos und schwach, bis sie irgendwann kaum noch das Lager in ihrer Zelle verlassen konnte. Ihre Mitschwestern waren voller Mitleid und trugen Hildegund täglich hinaus in den Garten. Von dort aus konnte sie hinauf zur Burg Rolandseck schauen, und unzählige Stunden gedachte sie ihres früheren Geliebten.

Eines Tages glaubte sie einen Mann an den Fenstern stehen zu sehen. »Roland«, hauchte sie mit schreckensstarrer Miene und brach in herzzerreißendes Weinen aus. Ihre Mitschwestern eilten sofort herbei, um sie zu trösten. Eine nahm sich ein Herz und berichtete ihr, dass Roland tatsächlich bereits vor einigen Wochen zurückgekehrt war. Er hatte das Kloster mehrfach besucht, um Hildegund zu sehen. Beim Kaiser und sogar beim Papst hatte er versucht, seine Geliebte aus dem Kloster auszulösen, doch waren alle seine Bemühungen vergebens gewesen. Hildegund vernahm diese Nachrichten schweigend, und noch bevor die Sonne hinter den Bergen untergegangen war, schied sie aus dem Leben. Der Sage nach verstarb kurz danach auch Roland, nachdem die schweren Wunden, die man ihm einst im Tal von Ronceval zugefügt hatte, wieder aufgebrochen waren.

Das Siebengebirge

In alter Zeit war das mittlere Rheintal durch Gebirgskämme abgeschlossen, und oberhalb von Königswinter breitete sich ein großer See aus. Dieser störte die Bewohner im Westerwald. Sie überlegten, wie sie das Gebirge durchstoßen konnten, damit der See abfließen würde. Viele Ideen wurden besprochen, doch keine war so gut, dass sie sie in die Tat hätten umsetzen können.

Als die Menschen einsehen mussten, dass sie das Gebirge alleine niemals durchstoßen konnten, erinnerten sie sich an die Legende von den Riesen, die auf dem höchsten Eifelberg leben sollten, der Hohen Acht. Von ihrer Behausung hatte noch kein Mensch berichtet, denn niemand, der sich zur Hohen Acht gewagt hatte, war je lebend von dort zurückgekehrt. Daher versuchten die Menschen der Eifel, die Westerwälder von ihrem Plan abzubringen. Doch diese schlugen alle Warnungen in den Wind und schickten eine Handvoll mutiger Männer los, nach den Riesen zu suchen.

Heinrich drehte sich ungeduldig zu den anderen Männern um. Warum kamen sie nicht nach? Es war noch ein weiter Weg, und wenn sie ihr Tempo nicht erhöhten, würde es noch Wochen dauern, bis sie in den Wäldern der Hohen Acht ankamen.

»Was ist?«, rief er daher ungeduldig. »Ihr seid doch nicht schon wieder müde? Wir haben erst vor drei Stunden eine Rast gemacht und müssen uns sputen, damit wir vor Einbruch der Nacht im nächsten Gasthaus anlangen. Also kommt.«

»Wir sind nicht müde«, erwiderte einer der Männer. »Dort hinten ist nur etwas Unheimliches im Gebüsch, und wir werden keinen Schritt weitergehen, bis wir nicht wissen, was es ist.«

Heinrich seufzte und ging zu den Männern zurück. Seitdem sie die befestigten Straßen verlassen hatten und durch die dichten Wälder liefen, hatten sich seine Männer verändert. Überall sahen sie unheimliche Gestalten, die sie beobachteten und verfolgten. Dabei war ihnen noch nichts Ungewöhnliches begegnet.

»Und was soll das sein?«

»Wir haben keine Ahnung! Doch es gibt Geräusche von sich.«

»Sicher handelt es sich nur um ein Tier. Los, lasst uns nachsehen!«

»Dort gehen wir nicht hin!«

Heinrich atmete tief ein und aus. »Auf der einen Seite weigert Ihr Euch weiterzugehen, auf der anderen Seite wollt Ihr aber auch nicht nachsehen. Was sollen wir denn Eurer Meinung nach nun tun? Sollen wir hier stehen bleiben und hoffen, dass sich das unheimliche Geräusch von selbst verflüchtigt?«

»Das wäre eine Möglichkeit«, erwiderte einer der Männer.

»Und wenn es nicht verschwindet? In wenigen Stunden wird es dunkel. Was glaubt ihr denn wohl, wie unheimlich es dann erst in dieser Wildnis ist?«

Die Männer sahen betreten zu Boden und schwiegen. Heinrich schüttelte den Kopf und sah sich um. »Dann werde ich dem Geheimnis alleine auf den Grund gehen. Wo genau habt Ihr das Geräusch gehört?«

»Es kam aus dieser Richtung«, antwortete einer der Männer. »Wollt Ihr wirklich dorthin gehen? Vielleicht ist es ein Ungeheuer und Ihr werdet ...«

»Schweigt still!«, herrschte Heinrich den Mann an. »Ihr wusstet von Anfang an, worauf Ihr Euch einlasst. Hier mag es wohl genug Wölfe und Bären geben, die in dem dichten Unterholz leben. Doch sie lauern sicher nicht hinter jedem Baum, um Euch anzufallen.« Wütend wandte er sich um und versuchte, die Dornenbüsche zur Seite zu schieben. Doch sie waren einfach zu dicht.

»Kommt her und helft mir!«, rief er den Männern zu. »Alleine schaffe ich es nicht.«

Kaum hatte er zu Ende gesprochen, da ertönte aus dem Gebüsch ein markerschütternder Schrei. Entsetzt trat Heinrich einen Schritt zurück. Was um Himmels willen versteckte sich dort in den Dornenbüschen?

»Heinrich, lasst uns schnell von hier verschwinden!«, schrien die Männer aufgebracht.

»Vielleicht ist es ein Drache, der uns fressen will!«

Heinrich besann sich kurz. Wenn sie Recht hatten, begab er sich gerade in große Gefahr. Auf der anderen Seite – wenn dort ein Ungeheuer lauerte, warum hatte es sie nicht schon längst angegriffen?

»Das wissen wir erst, wenn wir nachgesehen haben.«

»Ohne uns!«, riefen die Männer und wandten sich ab. »Wir gehen zurück nach Hause.«

»Habt ihr vergessen, warum wir uns auf diesen beschwerlichen Weg begeben haben?«, tobte Heinrich.

»Niemand konnte ahnen, dass in diesem Walde hier wilde Ungeheuer leben. Je weiter wir in diese Wildnis vordringen, umso gefährlicher wird es werden. Wir pfeifen auf die Belohnung und kehren um.«

»Das könnt Ihr nicht machen«, schimpfte Heinrich, doch die Männer hatten sich bereits abgewandt und rannten den Weg zurück, auf dem sie gekommen waren. Heinrich dachte darüber nach, was er nun machen sollte. Sollte er ebenfalls aufgeben oder sollte er alleine weitergehen?

Da gewahrte er plötzlich ein jämmerliches Wimmern, das direkt aus den Dornenbüschen zu kommen schien. Was auch immer es war, so hörte sich kein gefährliches Ungeheuer an. Kurzentschlossen zog er seinen Dolch hervor und begann das undurchdringliche Gestrüpp zu zerschneiden. Er kam nur sehr langsam voran, und der Schweiß rann ihm den Rücken herab. Doch die Neugierde hatte ihn gepackt, und so gab er nicht auf.

Dann endlich – es kam ihm wie eine halbe Ewigkeit vor – sah er ganz hinten im Dickicht etwas kauern, von dem er nicht so recht wusste, was es wohl war. Nach einigem Hinsehen gewahrte er, dass es wohl ein Mädchen war – allerdings übertraf es ihn selbst dreifach an Größe!

Erstaunt beobachtete er das ungewöhnliche Kind, das sich verzweifelt aus seiner misslichen Lage zu befreien suchte.

»Hallo!«, rief er.

Das Mädchen hielt kurz inne, um dann umso heftiger an den Schlingen und Dornenbüschen zu zerren. Dabei schluchzte es leise vor sich hin.

»Hab keine Angst«, versuchte Heinrich das Mädchen zu beruhigen. »Ich will dir nur helfen.«

»Ich hänge fest«, schluchzte das Mädchen leise. »Ich kann mich alleine nicht mehr befreien.«

Heinrich kam langsam näher und bemerkte, dass es sich im Geäst einer Schlingpflanze verheddert hatte, das bereits rote Striemen an ihrem Hals hinterließ.

»Das schaffen wir schon«, beschwichtigte er das verängstigte Mädchen und begann die Schlingen zu durchschneiden. »Du musst dich nur ganz still verhalten, dann wird dir nichts geschehen.«

Heinrich arbeitete sich vorsichtig voran. Das Mädchen beobachtete ihn neugierig. Doch da ihr das Atmen schwer zu fallen schien, schwieg sie.

Heinrich hob langsam die Hand und griff nach der Schlinge, die direkt um ihren Hals lag.

»Nun musst Du ganz stillhalten, damit ich dich mit meinem Messer nicht verletze.« Vorsichtig begann er die armdicke Schlinge zu zerschneiden.

Nach einiger Zeit hielt er inne und sah dem Mädchen ins Gesicht. Zu seinem Schrecken musste er feststellen, dass es ohnmächtig geworden war. Wenn er sich nicht beeilte, würde es an der Schlinge ersticken.

»Halte durch«, murmelte er vor sich hin und arbeitete unbeirrt weiter.

Plötzlich wurde er in die Höhe gerissen und wild geschüttelt. »Wie könnt Ihr es wagen!«, donnerte eine wütende Stimme.

Heinrich wollte sich wehren, doch der Griff der riesigen Hand wurde immer fester, und am Ende verlor er die Besinnung.

Langsam kam Heinrich wieder zu sich. Er lag in fast völliger Dunkelheit auf einem harten Steinboden. Mühsam richtete er sich auf und schlang fröstelnd die Arme um seine Beine. Wo war er? Neugierig versuchte er in die Dunkelheit zu sehen, doch außer gähnendem Schwarz vermochte er nichts zu erkennen. Erschöpft schloss er wieder die Augen und dachte nach. Allmählich kehrte die Erinnerung zurück. Was war aus dem Mädchen geworden? Was hatte ihn so plötzlich angegriffen? War es tatsächlich ein Riese gewesen? Heinrich versuchte sich an die Gestalt zu erinnern, doch waren seine Eindrücke so flüchtig, dass ihm alles wie ein böser Traum vorkam. Die Zeit verging, und Heinrich bemerkte neben sich einen Topf mit Wasser und ein großes Stück Brot. Gierig machte er sich darüber her und fiel dann in einen unruhigen Schlaf. Doch hielt dieser nicht lange an. Mühsam versuchte er auf die Füße zu kommen, doch seine Gliedmaßen waren so steif, dass er stöhnend wieder auf den Rücken sank. Kälte und Feuchtigkeit lähmten ihn, sodass er befürchtete, in diesem kalten Verlies sein Ende zu finden.

Da drang plötzlich ein lautes Klirren in seine trüben Gedanken. Erschöpft hob er den Kopf, um die Quelle des Lärms zu erkunden, als er auch schon hochgezogen wurde. Verwirrt blickte er zu dem riesigen Menschen empor, der ihn schweigend umfasste und aus dem dunklen Raum hinaustrug. Heinrich verhielt sich ganz still. Selbst wenn er in guter Verfassung gewesen wäre, hätte er nichts gegen den Riesen ausrichten können. Daher betrachtete er stumm die grob gehauenen Stufen, die nach oben führten und von denen jede einzelne so hoch war, dass er sie alleine niemals hätte hochsteigen können.

Ihr Weg führte durch unzählige Gänge. Alles war so groß, dass Heinrich bald gewahrte, die Riesen gefunden zu haben – allerdings anders, als er es sich gewünscht hätte. Endlich erreichten sie einen prächtig ausgekleideten Raum, der ihm wie ein Saal eines gigantischen Schlosses vorkam.

Der Riese ließ Heinrich auf einen Tisch gleiten und stellte sich wortlos daneben. Heinrich versuchte, auf seinen zittrigen Beinen zu stehen, doch es wollte ihm nicht recht gelingen. Daher setzte er sich und blickte sich neugierig um. An den Wänden hingen bunte Wandteppiche und an vielen Stellen standen goldene Stühle und Tische. Am Ende des Raumes befanden sich zwei Stühle, über denen ein roter Baldachin befestigt war. Heinrich fragte sich, was wohl nun mit ihm geschehen würde.

Da öffnete sich eine der großen Türen, und ein prachtvoll gekleideter Riese trat ein. Sein Wächter verneigte sich und Heinrich, der wohl begriff, dass die nächsten Augenblicke über sein Schicksal entscheiden würden, senkte ebenfalls sein Haupt.

»Nun«, ergriff der Herrscher der Riesen das Wort, nachdem er sich auf einem der Stühle niedergelassen hatte. »Was habt Ihr in meinem Reiche zu suchen?«

Heinrich hob den Kopf und atmete tief ein. Die Miene seines Gegenübers war undurchdringlich, und Heinrich hoffte, dass der Riesenfürst ein gerechter Mann war.

»Mit Verlaub, mein Herr Fürst«, begann er. »Bitte verzeiht, dass ich sitzen bleibe. Es soll keine Beleidigung Eurer Person sein, nur sind meine Beine so schwach, dass ich nicht stehen kann.«

»Bleibt ruhig sitzen«, antwortete der Riese. »Doch nun beantwortet meine Frage. Wer seid Ihr und was wollt Ihr in meinem Reiche?«

»Mein Name ist Heinrich Winz und ich komme in guten Absichten.«

»Seltsam«, unterbrach der Riesenfürst ihn. »Mir wurde berichtet, dass man Euch mit einem Messer am Halse meiner Tochter vorgefunden hat. Nennt Ihr das gute Absichten?«

Heinrich spürte, wie ihm in der Magengegend flau wurde. »Ich bitte um Vergebung, doch ich hatte auch dort keine bösen Absichten. Erlaubt Ihr, dass ich Euch die ganze Geschichte erzähle?«

»Ich bitte darum.«

Heinrich sog die Luft zwischen seinen Zähnen ein. »Ich komme aus dem Westerwald. Wir kennen Euer Volk nur aus Legenden und alten Sagen und wären niemals so weit in das Eifelland vorgedrungen, wenn wir nicht einen wichtigen Grund dafür hätten.«

»Ihr seid nicht alleine?«

»Zuerst waren wir zu sechst. Doch dann kamen wir an jene Stelle, an der Eure Tochter in dem dichten Dornengestrüpp gefangen war. Meine Begleiter vernahmen die kläglichen Rufe des Mädchens und glaubten, es handele sich um einen Drachen. Daraufhin suchten sie das Weite.«

»Und Ihr wusstet, dass es kein Drache war?«

»Nein, mein Fürst, das wusste ich nicht. Doch war ich gewiss darob, dass keine Gefahr für uns bestand, denn allem Anschein nach konnte sich das wimmernde Wesen nicht alleine befreien.«

»Selbst wenn es so gewesen wäre, warum seid Ihr nicht wie die anderen fortgelaufen oder einfach weiter Eures Weges gegangen?«

Heinrich sah den Herrscher der Riesen stumm an und dachte nach. Was sollte er ihm antworten? Er wusste nicht, warum er so gehandelt hatte. »Darauf kann ich Euch keine Antwort geben«, erwiderte er deshalb. »Vielleicht geschah es, weil ich mir beweisen wollte, dass es hier in dem Wald keine Drachen gibt, oder vielleicht auch einfach aus Ärger über die Feigheit der anderen. Doch genau vermag ich es nicht mehr zu sagen.«

»Und dann seid Ihr in das Dickicht vorgedrungen, um meine Tochter zu befreien?«

»Ja, Herr Fürst. Genau so war es.«

»Und das soll ich Euch glauben? Seht, bis heute haben wir noch keinen Menschen getroffen, der uns Riesen zur Hilfe kommen wollte. Ihr kommt nur, um uns zu bestehlen oder wenn Ihr etwas von uns wollt.«

Heinrich senkte schuldbewusst den Kopf und schwieg. Im Grunde hatte der Riesenfürst ja recht, denn auch er war schließlich nur hierher gekommen, weil die Menschen der Hilfe der Riesen bedurften.

»Warum seid Ihr überhaupt in mein Reich eingedrungen?«

»Ich wollte Euch um Hilfe bitten«, antwortete Heinrich beschämt. »Doch das ist jetzt nicht mehr von Belang. Darf ich fragen, wie es Eurer Tochter ergeht?«

Just in diesem Moment flog die Türe auf, und das Mädchen aus den Dornenbüschen stürmte in den Raum. »Vater!«, rief sie fröhlich und kletterte auf den Schoß des Riesen.

»Ist Eure Frage damit beantwortet?«

Heinrich nickte und lächelte dem Mädchen zu.

»Hallo«, rief sie und erwiderte Heinrichs Lächeln. »Bist du ein Zwerg?«

»Nein«, antwortete Heinrich. »Ich bin ein Mensch.«

»Oh«, staunte das Mädchen und wandte sich seinem Vater zu. »Vater, darf ich es behalten?«

Der Fürst lachte und setzte seine Tochter auf den Boden. »Das entscheiden wir später. Doch nun lauf zurück auf dein Zimmer. Du warst sehr krank und musst dich noch erholen.«

Daraufhin trollte sie sich, und der Fürst wandte Heinrich wieder seine ganze Aufmerksamkeit zu.

»Zu Eurem Glück hat meine Tochter ihr unglückseliges Abenteuer gut überstanden, und sie hat mir eine ähnliche Geschichte erzählt wie Ihr –auch wenn ich es kaum glauben kann. Trotz alledem bin ich Euch sehr dankbar für Eure Hilfe.«

Der Riese schwieg und blickte aus einem der bunt verglasten Fenster. Heinrich fragte sich gerade, was wohl als nächstes geschehen würde, als sich der Fürst ihm wieder zuwandte. »Daher würde ich Euch gerne einen Wunsch erfüllen. Allerdings muss ich Euch mitteilen, dass ich Euch nicht wieder von hier fortgehen lassen kann, denn nur wenn die Menschen nicht wissen, wie wir hier oben leben, und sich stattdessen angstvolle Geschichten ausdenken, haben wir vor ihnen unsere Ruhe.«

Heinrich versuchte zu begreifen, was er gerade gehört hatte. Er durfte nie wieder zurück zu seiner Familie? »Aber wo soll ich denn leben, Herr Fürst? Ich kann mich in Eurem riesigen Schloss alleine nicht bewegen, denn ich vermag ja noch nicht einmal eine der Türen zu bewegen.«

»Die Einzelheiten wollen wir später besprechen. Mögt Ihr mir nun nicht sagen, welches der Grund für Euren Besuch war? Vielleicht vermag ich Euch ja zum Danke in dieser Angelegenheit zu helfen.«

Doch Heinrich wünschte sich nicht darob zu unterhalten, sondern zu erfahren, was nun aus ihm werden solle.

»Nun, wollt Ihr es mir nicht erzählen?«

Heinrich seufzte und begann zu reden. »Ich lebe im Westerwald. Meine Heimat ist von dem Eifelland durch einen großen See getrennt. Wir wünschen uns, dass dieser abfließt und somit verschwindet. Leider ist ein Gebirge im Weg, welches zuerst durchstoßen werden muss. Darum wollten wir Euch um Hilfe bitten und Euch als Gegenleistung einen fürstlichen Lohn anbieten.«

Der Herrscher der Riesen versank für eine ganze Zeitlang in Gedanken, und Heinrich befürchtete schon, dass er ihm auch diese Bitte verweigern würde.

»Nun denn, ich werde sieben meiner stärksten Riesen zu jener Stelle entsenden. Sie werden zum Dank Euer Gebirge durchstoßen.«

»Soll ich Ihnen denn nicht den Weg dorthin zeigen?«

»Nein«, antwortete der Fürst bestimmt und erhob sich. »Ihr bleibt hier bei mir. Meine Männer finden die rechte Stelle auch alleine.«

So begab es sich, dass im Rheintal eines Morgens sieben Riesen mit gewaltigen Spaten erschienen. Die Menschen trachteten sie danach auszufragen, wo sie herkämen und ob sie nicht etwas über Heinrichs Schicksal zu berichten wüssten. Doch als die Riesen drohten, die Arbeit zu verweigern, wenn sie weiterhin mit Fragen belästigt würden, zogen sich die Menschen schnell zurück. Sofort begannen die Riesen eine Scharte in das Gebirge zu treiben, und nach wenigen Tagen hatten sie bereits eine so große Lücke in den Fels getrieben, dass der See abzufließen begann. Die Leute freuten sich darüber sehr, aber als sie den Riesen den versprochenen Lohn übergeben wollten, fehlte von diesen jede Spur. Allein sieben neue Berge aus Erde und Felsbrocken, die sie mit ihren Spaten aufgehäuft hatten, blieben von ihnen zurück.

Auch wenn sich heute kaum noch ein Mensch an das stolze Geschlecht der Riesen erinnert, so haben die sieben Berge, besser bekannt als Siebengebirge, die Zeit überdauert und zeugen von dem Tag, an dem die Riesen den Menschen einen großen Dienst erwiesen. Was hingegen aus dem wackeren Heinrich geworden ist, weiß selbst die Legende nicht zu berichten.

Siegfried und der Lindwurm

Jeder am Rhein kennt den legendären Siegfried, der durch die Nibelungensage unsterblich geworden ist. Schon im Jünglingsalter bestand er die Herausforderungen großer Abenteuer. Einmal, so erzählt man sich, kämpfte er in der Nähe der schönen Stadt Köln gegen den Riesen Hubert. Dieser hatte dereinst eine Jungfrau geraubt und wollte nun nicht verraten, wo er sie versteckt hielt. Siegfried, der Mitleid hatte mit den trauernden Eltern, machte sich auf den Weg und rang den Riesen nieder. Um sein Leben flehend verriet dieser dann Siegfried, dass er die Jungfrau an einen Drachen verkauft habe, der droben auf dem höchsten Gipfel des Siebengebirges hauste. Er vermochte zwar nicht zu sagen, was aus der Jungfrau geworden war, doch war er sich sicher, dass der Drache die Jungfrau niemals hergeben würde, denn er wollte sie, wenn sie alt genug sei, zu seinem Weibe nehmen. Der Drache Drago döste gerade gemütlich vor sich hin, als ihn etwas am Kopfe traf. Deutlich verspürte er den dumpfen Schmerz an seiner Schläfe. Grimmig öffnete er die Augen und starrte den Findling an, der neben ihm auf dem Boden lag. Fauchend schüttelte er den Kopf, wobei kleine Feuerstrahlen aus seinen Nasenlöchern traten.

»Nein, nein!«, kreischte nun die Jungfrau in der hintersten Ecke seiner Höhle. »Bitte, bitte, tut mir nichts!«

Drago sah von dem Stein zu der Jungfrau, die schreiend in der Ecke hin und her hüpfte. Warum musste sie sich nur immer über ein wenig Feuer so aufregen?

»Ich war das nicht. Bitte, tötet mich nicht!«

Drago sah seufzend zu ihr hinüber und fragte sich zum tausendsten Male, ob er wohl die richtige Wahl getroffen hatte. Diese Jungfrau hier weinte und jammerte wirklich andauernd. Ob sich das wohl im Alter legte?

»Ich möchte zurück zu meinen Eltern«, fing sie denn auch gleich wieder an zu jammern. »Warum lasst Ihr mich nicht gehen? Was habe ich Euch nur angetan? Meine Glieder schmerzen und Euer Feueratem macht mir schreckliche Angst. Wenn Ihr mich fressen wollt, dann tötet mich doch endlich und lasst mich nicht weiter leiden.«

Drago wandte gelangweilt den Kopf ab. Viel lieber wollte er wissen, wo wohl dieser Findling hergekommen war. Neugierig ließ er seinen Blick hinunter zum Rhein gleiten und gewahrte sogleich ein Schiff, das am Ufer ankerte. Missmutig zog er die Nüstern zusammen und starrte den fremden Jüngling an, der dort unten regungslos verharrte und zu ihm hinaufschaute. War das der Ruhestörer? Nachdenklich blickte er lange den Findling an. Eigentlich waren die Menschen ja nicht stark genug, um einen solch großen Felsbrocken aus dieser Entfernung nach hier oben zu werfen. Aber auf der anderen Seite gab es auch jene Geschichten von diesem einen starken Burschen, der angeblich den Riesen und Lindwürmern der Gegend stark zu schaffen machen sollte. Daher beschloss Drago, keine Umstände zu riskieren und die Dinge vor seiner Höhle abzuwarten. So verging die Zeit, und die Nacht brach herein. Drago ward müde, doch er wollte um keinen Preis von jenem Burschen dort unten überrascht werden. Außerdem bereitete ihm das ständige Weinen und Flehen der Jungfrau in der Höhle immer mehr Verdruss. So blieb er vor seiner Höhle liegen und genoss die kalten Winde, die vom Rhein hinaufzogen. Erst als bereits die ersten Sonnenstrahlen hinter den Bergen erschienen, fiel Drago in einen unruhigen Schlaf. Dieser endete jäh, als abermals ein Stein sein Haupt traf. Wütend sprang er auf und stieß einen wilden Schrei aus.

»Jetzt ist's genug!«, schrie er und stieß einen wilden Feuerstrahl aus. »Dem Bürschlein will ich Manieren beibringen!« Und obwohl er wusste, dass die Menschen seine Sprache nicht verstanden, brüllte Drago zahlreiche Verwünschungen hinab zu dem wartenden Recken. Grollend machte er sich auf den Weg hinab zum Fluss. Dabei wuchs seine Wut in dem Maße, je näher er dem Eindringling kam. Doch Siegfried – denn um keinen anderen handelte es sich – erwartete ihn bereits mit dem Schwert in der Hand. Diese Frechheit machte den Drachen noch zorniger. In seiner Wut spie er Feuer und Flammen, und nichts in seiner Nähe blieb davon verschont. Als er Siegfried endlich erreichte, griff er in wilder Erregung sofort an. Doch Siegfried hatte schon lange auf diesen Angriff gewartet, und voller Leichtigkeit parierte er die Attacke mit seinem Schwert.

»Ich bin gekommen, dir die edle Jungfrau zu entreißen!«, rief er Drago zu und hieb dabei immer wieder auf dessen Rücken und Beine ein.

Drago schüttelte seinen mächtigen Kopf. Wie sehr er es mittlerweile hasste! Warum wollte jeder dahergelaufene Bursche seine Jungfrau haben? Hatte er sie nicht rechtmäßig von dem Riesen Hubert erworben und war sie somit nicht sein Eigentum? Warum wollten sie das nicht endlich begreifen? Wütend holte er mit seinem mächtigen Schwanz aus, doch verfehlte er Siegfried um Haaresbreite. Wie konnte dieser Jüngling nur so verflucht schnell sein?

Hämisch lachend versetzte Siegfried Drago einen weiteren Streich mit dem Schwert und sprach: »Du glaubst doch nicht, dass mich deine Attacken ängstigen?«

Da verspürte der Lindwurm eine unbändige Wut in sich aufsteigen. Wilde Flammen züngelten aus seinem Rachen, als er versuchte, Siegfried zu versengen. Doch dieser wich dem Feuer geschickt aus, was Dragos Wut noch steigerte.

So ging es den ganzen Nachmittag und bis weit in den Abend hinein. Keiner der Kämpfer vermochte die Oberhand zu gewinnen, und je näher die Nacht rückte, desto größer wurden die Pausen, die sie aus Erschöpfung zwischen ihren Angriffen einlegen mussten. Dragos schuppiger Panzer brannte von den vielen Schwerthieben. Auch wenn es Siegfried nicht gelang, seinen Panzer zu durchschlagen, schmerzten die schweren Streiche dennoch sehr. Außerdem war sein Hals vom vielen Feuerspucken wund, und so wünschte Drago sich eigentlich nichts sehnlicher, als in seine Höhle zurückzukehren und sich gründlich von diesem Kampfe zu erholen. Mit zusammengekniffenen Augen spähte er zu Siegfried hinüber, der sich nachdenklich an einen Baum gelehnt hatte. Musste dieser Kämpfer nicht auch einmal müde werden? Dann, nach einer kleinen Ewigkeit, drehte Siegfried sich um und lief zurück zu seinem Schiff. Erleichtert machte sich der Drache auf den Weg in seine sichere Höhle. Er war so erschöpft, dass er noch nicht einmal mehr nach der Jungfrau schaute, sondern sogleich laut schnarchend auf seinem Ruheplatz einschlief.

»Hört auf!«, drang bis in des Drachen unruhigen Traum hinein die Stimme der Jungfrau. »Ihr macht mir Angst! Haltet ein!«

Drago öffnete müde die Augen und sah ermattet zu seiner Jungfrau hinüber. Warum um alles in der Welt brachte er sie nicht einfach zu dem Jüngling hinab? Dann würde er endlich seine Ruhe haben! Doch da fielen ihm wieder seine Zukunftspläne ein, und seufzend erhob er sich. Er musste nur Geduld haben. Mit der Zeit würde sie sich sicherlich an ihr Schicksal gewöhnen. Langsam verließ er die Höhle und legte sich vor dem Eingang ins feuchte Gras.

Am nächsten Morgen erwachte Drago bereits mit dem ersten Sonnenstrahl. Missmutig erhob er sich, und sogleich dachte er an die Jungfrau in seiner Höhle. All dieser Ärger wegen dieses Weibes! Er hoffte inständig, dass sie es auch wert sei und seine geheimsten Wünsche erfüllen könne. Wenn sie doch endlich alt genug wäre, um zu heiraten. Da kam ihm wieder jener Bursche von gestern in den Sinn. Für einen kurzen Augenblick hatte er ihn vergessen gehabt, doch beim ersten Gedanken an ihn loderte gleich wieder ein unheimlicher Groll auf, und Drago beschloss, dem Frechling einen überraschenden Besuch abzustatten. Er wollte nämlich auf gar keinen Fall noch mal einen ganzen Tag gegen diesen flinken Kerl kämpfen, und darum gedachte er ihn im Schlafe zu überraschen. Flink und lautlos ließ er sich den Berg hinabgleiten, bis er plötzlich mit dem Kopfe in etwas Schweres, Eisernes geriet. Erschreckt hielt er ein, und als er gewahrte, dass er gefangen war, versuchte er wild, sich zu befreien. Doch er vermochte es nicht, und nun kam er weder vor noch zurück, so sehr er auch versuchte, das Band um seinen Hals zu sprengen. Just in diesem Moment sprang Siegfried hinter einem Busch hervor. »Jetzt habe ich dich endlich, elende Kreatur!«, schrie er.

Verwirrt wandte Drago sich um und versuchte, dem immer wieder auf ihn niedersausenden Schwert Siegfrieds auszuweichen. Doch er vermochte sich nicht recht zu bewegen, und als Siegfrieds Schwert schließlich tief in seine ungeschützte Flanke drang, verspürte er einen schweren Schmerz. In seiner Qual wandte er sich hin und her und endlich konnte er sich nicht mehr auf seinen Beinen halten. Ein letztes Mal versuchte er seinen Angreifer mit einem Feuerstrahl zu treffen, dann schwanden seine Kräfte dahin und er stürzte zu Boden. Tiefe Schwärze umhüllte seine Sinne bereits, als er sein Leben mit einem letzten Atemzug aushauchte. Siegfried hingegen warf die sterblichen Überreste des abscheulichen Lindwurms in den Rhein und brachte die holde Jungfrau zurück in die Obhut ihrer Familie. Die Legende weiß zu berichten, dass er dafür noch nicht einmal Dank annehmen wollte, denn ihm selbst erschien seine Tat nicht wichtig genug, um viele Worte darob zu verlieren.

Der Wind und der Teufel

Die meisten Bonner wissen zu berichten, dass man in der Nähe des alten Jesuitenklosters seinen Hut gut festhalten muss. Sollte man das unterlassen, kann der Hut nämlich leicht vom Wind davongetragen werden. Dies geschieht aber nicht ohne Grund, denn der Sage nach gingen der Teufel und der Wind einst einmal an diesem Ort gemeinsam spazieren. Nicht, dass sie gute Freunde gewesen wären, doch der Wind war und ist ein gutmütiger Geselle und konnte dem redegewandten Teufel keine Bitte abschlagen. Und so kam es, dass sie eines Tages gemeinsam durch die Lande spazierten und irgendwann auch an dem schönen Städtchen Bonn vorbeikamen.

»Ei, ich mag diesen Ort«, murmelte der Wind und wehte einmal um die Häuser. »Hier gibt es so viele schöne Gassen, in denen ich herumschwirren kann.«

»Ja, ja«, gab der Teufel gelangweilt zur Antwort. »Es ist ganz nett hier. Ich komme aber nur selten hierher, weil ...« Der Teufel blieb wie angewurzelt stehen und starrte auf das Haus, vor dem sie standen. »Was ist das? Seit wann steht hier dieses Gemäuer?«

»Ui«, lachte der Wind. »Du warst wohl wirklich schon länger nicht mehr hier. Dieses Gebäude besteht schon seit geraumer Zeit.«

»Und wer wohnt hier?«

»Hier wohnen die Jesuitenbrüder. Sie lehren die Menschenkinder lesen und schreiben. Es ist eine Klosterschule.«

»Was? Es ist eine Klosterschule? Warum weiß ich nichts davon?«

»Wer weiß, warum du es nicht weißt. Vielleicht mag es daran liegen, dass die Jesuiten dich nicht besonders schätzen.«

Der Teufel verschränkte die Arme und verzog das Gesicht. »Was sehr ungerecht ist! Wieso haben diese Kirchenleute nur immer so eine schlechte Meinung von mir?«

»Woher soll ich das wissen? Komm, lass uns weiterziehen.«

»Nein, es ist nicht recht, dass sie eine Schule bauen, ohne dass ich um Rat gefragt werde.«

»Seit wann kümmerst du dich denn um Schulen?«

»Mich kümmert alles Gute! Ich muss unbedingt dort hinein und mit ihnen sprechen.«

»Wozu soll das gut sein?«

»Na höre, Wind! Ich muss mich doch um meinen guten Ruf scheren und möglichen Lügen über meine Person entgegentreten. Wenn dies hier eine Schule ist, sollen die Kinder doch gleich lernen, dass ich, der Teufel, nur ihr Bestes will.«

»Sie werden sicherlich nicht gerade erfreut sein, wenn du einfach so dort hineinspazierst. Sie werden dir ganz schnell einen Verweis erteilen.«

Der Teufel lief auf und ab. »Da könntest du recht haben. Hm, ich muss recht listig vorgehen. Ich darf mich nicht gleich zu erkennen geben. Nur dann kann ich mich dort in Ruhe umsehen und sie von meinen guten Absichten überzeugen. Sag, Wind, welche Leute gehen denn hier ein und aus?«

»Hier gibt es nur Kinder und Klosterbrüder. Es ist ein frommes Haus!«

»Bäh«, brummte der Teufel. »Nun gut, dann will ich eine Kutte überziehen und ein frommer Klosterbruder werden.«

»Ich dachte, wir wollten spazieren gehen? Willst du deinen Besuch nicht auf ein anderes Mal verschieben?«

»Nein«, erwiderte der Teufel, zog eine Jesuitenkutte aus dem Boden und streifte sie über. »Das muss ich gleich erledigen. Aber sorge dich nicht, ich will nur ganz kurz hineinspringen und bin gleich wieder zurück. Warte doch einen Augenblick hier draußen auf mich.«

»Wie du willst«, sprach der Wind missmutig und sah dem Teufel nach, der langsam zum Eingang der Klosterschule ging. Geduldig blieb der Wind vor der Tür stehen und wartete. Der Nachmittag verging, die Nacht brach herein und der neue Tag begann. Der Wind wurde langsam ungeduldig und trat an die Fenster heran, um einen Blick in das Gebäude werfen zu können. Da sah er auch den Teufel, der mit einem der Klosterbewohner in ein Gespräch vertieft war. Wütend rüttelte er an den Fensterläden, um den Teufel an ihre Abmachung zu erinnern. Doch der hob nicht einmal den Kopf oder sah in seine Richtung. So gab der Wind das Warten irgendwann auf und verschwand in den Lüften.

Aber nach kurzer Zeit kehrte er wieder zurück, weil sein schlechtes Gewissen ihn plagte. Es ärgerte ihn sehr, dass er dem Teufel versprochen hatte zu warten, denn er war es gewohnt, seine Versprechen stets einzuhalten, und somit konnte er nicht einfach wegbleiben. Manchmal, wenn er glaubte, den Teufel disputieren zu hören, heulte er auf und donnerte um das Kloster herum. Doch was sollte er machen, wenn die allzu Klugen kein Ende finden wollten?

Und so geht es bis zum heutigen Tage. Der Wind kehrt auch heute noch regelmäßig an diesen Ort zurück, um auf die Rückkehr des Teufels zu warten.

Richmodis von Aducht

Es gab einmal eine Zeit, da strich der schwarze Tod durch das Land. Er machte weder halt vor Arm noch Reich, vor Jung noch Alt. Das ganze Land überzog er mit seinem Leid. So kam er auch in die schöne Stadt am Rhein mit dem Namen Köln und forderte in kürzester Zeit das Leben vieler Menschen.

Eines Tages schien er auch bei der Familie des Mengis von der Aducht im Hause »Zum Papageien« am Neumarkt Einzug zu halten. Als Richmodis, die Gattin des Mengis, eines Morgens über Unwohlsein klagte und schon am Vormittag wieder zu Bett ging, sorgte sich zunächst noch niemand. Doch als man sie gegen Mittag kalt und starr auf ihrer Bettstatt vorfand, sandte man sogleich Nachricht an Mengis. Obwohl Richmodis gar nicht die gewohnten Anzeichen der Pest zeigte, verbreitete sich schnell wie ein Lauffeuer die Kunde, dass sie dem schwarzen Tod zum Opfer gefallen sei. Mengis hingegen wachte viele Stunden hoffend neben ihr und wollte den mahnenden Stimmen, die Richmodis schnell begraben haben wollten, kein Gehör schenken. Allein, Richmodis schlug die Augen nicht mehr auf, und irgendwann am späten Nachmittag musste Mengis einsehen, dass es für seine geliebte Gattin wohl keine Rettung mehr gab. So ließ er sie schweren Herzens noch am gleichen Abend auf dem Friedhof der Heiligen Aposteln begraben.

»Herr«, flüsterte Marie leise, »wollt Ihr vor dem Schlafen nicht noch wenigstens eine Kleinigkeit essen? Ihr habt heute nichts angerührt.«

»Marie, ich habe keinen Hunger«, erwiderte Mengis von der Aducht müde.

»Ich weiß, dass heute ein schwerer Tag für Euch war. Doch die Herrin selig würde sicherlich dasselbe sagen.«

Mengis schwieg und drehte seinen goldenen Ehering hin und her. Er hatte seiner geliebten Richmodis den Ring, das Symbol seiner ewigen Liebe, nicht vom Finger ziehen können. Er wusste, dass niemand verstand, wie er das wertvolle Schmuckstück einfach mit begraben lassen konnte. Doch er liebte seine Gattin so sehr, dass er ihr den Ring auch im Tode nicht wegnehmen wollte, er hatte es einfach nicht übers Herz gebracht.

»Herr«, riss ihn Maries Stimme aus seinen Gedanken.

»Lass es gut sein, Marie! Mir ist nicht nach Essen zumute. Morgen wird es sicherlich wieder anders sein. Doch jetzt möchte ich nur noch alleine sein. Bitte geh!«

Marie sah ihn schweigend an, wie er da mit gesenktem Kopf am Kamin saß. Sie verstand seine Trauer nur zu gut. Viele Menschen waren dem schwarzen Tod nun schon zum Opfer gefallen. Doch die Herrin von Aducht war unerwartet und sehr schnell verschieden. Der Herr hatte keine Zeit gehabt, von seiner Gattin Abschied zu nehmen. Seufzend räumte sie den Tisch ab und machte sich auf den Weg in ihre Kammer. Just in diesem Moment hämmerte jemand an die Tür. Marie blieb stehen und lauschte. Wer klopfte zu solch später Stunde noch an? Da erklang das Hämmern abermals, nur noch kräftiger. Seufzend machte Marie auf dem Absatz kehrt und lief zur Haustür.

»Ich komme ja schon!«, rief sie, doch als sie an der Türe stand und schon die Hand auf den Knauf gelegt hatte, kam ihr ein Gedanke. Vielleicht war es ja doch nicht so gut, einfach die Türe zu öffnen.

»Wer seid Ihr?«, rief sie daher abwartend.

»Marie«, ertönte eine Stimme. »Bist du es? Lass mich herein.« Marie erschrak, als sie die Stimme an ihrem Klang erkannte. »Los, öffne, ich bin es!«

Marie ließ erschrocken den Türknauf los und taumelte einen Schritt zurück. Das konnte nicht sein! Nein, nein, sie musste sich getäuscht haben!

»Marie! Bist du noch da? Öffne, mich friert's!«

Doch Marie hörte schon nicht mehr zu. Sie war bereits in ihre Kammer gerannt und versteckte sich dort hinter ihrer Truhe.

Doch es klopfte wieder und wieder. Marie hielt sich völlig verängstigt die Ohren zu. »Heilige Mutter Gottes«, schluchzte sie. »Lass diesen Albtraum vorbeigehen!«

»Was ist dies für ein Lärm?«, donnerte in diesem Moment die Stimme des Hausherrn durch den Flur. »Warum öffnet denn niemand die Tür? Marie!«

Marie kam aus ihrem Versteck hervor und trat zitternd auf den Flur.

»Was hat das alles zu bedeuten?«

»Herr, verzeiht! Ich war ja an der Tür. Doch als ich die Stimme da draußen hörte, ergriff mich tiefe Furcht. Herr, ich glaubte die Stimme Eurer verstorbenen Gattin zu erkennen!«

»Marie! Du weißt, dass wir Richmodis heute zu Grabe getragen haben. Also, sag mir, was dein Geschwätz nun soll.«

Da pochte es abermals an der Tür. Marie brach völlig aufgelöst in Tränen aus. »Ich weiß, dass es sich unwahr anhört, aber es war die Stimme der Herrin, die Einlass begehrte.«

»Das ist nicht minder unwahr, als wenn du behauptetest, dass meine Pferde oben auf dem Heuboden stünden!«

Doch kaum hatte Mengis zu Ende gesprochen, da begannen alle Kerzen zu flackern, und ein wildes Dröhnen erfüllte die Luft. Marie schrie auf und verkroch sich ängstlich in eine Ecke. Mengis hingegen trat an das Treppengeländer heran, und was er dort gewahrte, ließ ihn den Atem stocken. Lautes Wiehern erfüllte die Luft, und Mengis musste zur Seite springen, damit er nicht von Pferdehufen getroffen ward. Voller ungläubigem Erstaunen musste er mit ansehen, wie seine Pferde die Treppen hinaufliefen und auf dem Heuboden verschwanden.

»Was zum Teufel soll denn das wohl werden?«, rief er verwundert. »Was ist hier nur los?«

»Das ist ein Zeichen«, flüsterte Marie. »Erst die Stimme der Herrin und dann ...«

Mit einem Aufschrei stürmte Mengis zur Haustür. Marie kroch aus ihrem Versteck und sah verwirrt die Treppe zum Heuboden hinauf. Von oben war ein wildes Durcheinander zu vernehmen. Da klopfte es abermals heftig an der Haustüre, und Marie sah zu, wie Mengis die Türe aufriss.

»Endlich«, erklang da die vorwurfsvolle Stimme Richmodis'. »Ich bin hier draußen beinahe erfroren!«

Marie sank fassungslos in die Knie und sah wie durch einen Schleier, wie Mengis seine völlig durchgefrorene Gemahlin in seine Arme zog. Schreckensstarr blieb sie auf dem Boden hocken. Was war denn da gerade nur geschehen? Ihre Herrin war doch tot! Sie hatten sie doch erst vor ein paar Stunden begraben lassen! Wie konnte sie da nun vor der Türe stehen? Und warum um alles in der Welt waren die Pferde auf den Heuboden gelaufen?

»Marie, schnell, hol eine warme Decke für die Herrin und fache das Feuer neu an«, riss Mengis' Stimme sie aus ihrer Erstarrung. »Beeile dich! Deine Herrin ist beinahe erfroren!« Als sie sich dann einige Zeit später wieder aufgewärmt hatte, berichtete Richmodis ihrem Gatten, wie sie plötzlich wie aus einem tiefen Schlafe erwacht war. Irgendjemand hatte nämlich an ihrer rechten Hand gezogen und gezerrt, um in den Besitz ihres kostbaren Eheringes zu gelangen. Stöhnend hatte Richmodis sich aufgerichtet und gesehen, wie der Totengräber laut schreiend flüchtete. Zu ihrem Glück ließ er in seiner Hast seine Laterne stehen. So nahm sie diese und machte sich auf den Weg nach Hause. Mengis konnte sein Glück kaum fassen und verwöhnte seine Gattin mit all seiner Liebe.

Am nächsten Morgen staunten die Nachbarn nicht schlecht, als die Pferde ihre Köpfe aus der Bodenluke des Hauses »Zum Papageien« streckten. Mengis musste ein starkes Gerüst an seinem

Hause anbauen lassen, um die Pferde wieder von dort oben herunterzubringen. Doch dies unternahm er gerne, denn er dankte dem Schicksal, dass es ihm seine geliebte Gattin zurückgebracht hatte. Weil niemand diese ungewöhnliche Begebenheit jemals vergessen sollte, ließ er an seinem Hause steinerne Pferdeköpfe anbringen. Richmodis und Mengis jedoch sollten fortan noch ein langes, glückliches Leben vor sich haben.

Die weiße Frau im Düsseldorfer Schloss

Heute steht von dem einstmals stattlichen Schloss in Düsseldorf nur noch der Schlossturm, und dennoch wissen viele Menschen, wie das wundervolle Anwesen in seiner Gänze früher aussah. Es wurde im Jahre 1260 erbaut und beherbergte bis zu seiner Zerstörung anno 1896 mächtige Herzöge. Doch nicht nur diese blieben in Erinnerung, denn eine alte Sage weiß auch von einer Urenkelin des legendären Schwanenkönigs zu berichten, die in den Mauern des Schlosses tragisch ums Leben kam. Herzogin Jacobine stand schweigend am Fenster und blickte dem jungen Mann hinterher, der dort eilig die Stufen hinablief. Sie konnte auf ihrer Haut noch seinen Duft wahrnehmen und schloss verträumt die Augen. Warum konnte ihr das Zusammensein mit ihrem Gatten nicht die gleichen Freuden bereiten? Bei dem Gedanken an die Berührungen ihres Mannes wandte sie sich mit Schaudern vom Fenster ab. Sie hatte bereits damals, lange vor der Hochzeit, die Leute reden gehört, dass ihr Mann hässlich und unstet im Geiste sein sollte. Doch sie wusste, dass dies keine Liebesheirat war und sie keine Wahl hatte. Und sie war nach Sitte bereit, sich zu fügen. Dass ihre Ehe aber derart schrecklich würde, hatte sie sich im Traume nicht vorstellen können. Jacobine seufzte und ließ ihren Blick durch den Raum gleiten. Er war mittlerweile zu ihrem Lieblingszimmer geworden und trug den Namen »Schwanenzimmer«. Das sollte die Erinnerung an ihren Urgroßvater wachhalten, der vor vielen Jahrzehnten zur Rettung ihrer Großmutter aus dem Totenreich zurückgekehrt war.

Sie selbst lebte nun schon viele Jahre hinter diesen Mauern, und Glück fand sie nur in den kurzen Momenten, in denen ihr Liebster sie in diesem Zimmer besuchte. Ihre Ehe war vom ersten Augenblick an eine Tortur gewesen. Aber mittlerweile war es so schlimm, dass ihr Gatte ganz von ihr ferngehalten werden musste, weil seine Anfälle von Tobsucht immer schlimmer wurden. Noch jetzt gefror ihr das Blut in den Adern, wenn sie nur an seinen wilden Blick dachte. Sie wusste selber, dass sie durch ihre Affäre das Verhältnis zwischen ihnen nicht verbessert hatte. Und schon seit Monaten weigerte sie sich, mit ihm das Lager zu teilen. Sie war es müde, seine groben Annäherungsversuche und seine Wut, wenn er es nicht vollbringen konnte, über sich ergehen zu lassen. Ihren Kinderwunsch hatte sie schon vor Jahren begraben, also warum sollte sie mit ihm noch Zeit verbringen? Sie wusste sehr wohl, dass die Weiterführung des herzoglichen Geschlechts ihre wichtigste Aufgabe war. Allein, dass es nicht gelang, lag nicht an ihr!

Mitten in diesen trüben Gedanken flog plötzlich die Zimmertür mit einem Ruck auf, und ihr Ehemann erschien. Sogleich suchte sie hinter einem Tisch Schutz. Als sie die Wut in seinem Gesicht gewahrte, begann sie zu zittern.

»Ich wusste doch, dass ich Euch hier finde«, knurrte er und sah sie aus geröteten Augen an.

Furcht klammerte sich wie eine Faust um Jacobines Herz, und sie schwieg, um ihn nicht noch mehr zu reizen.

»Ich habe sehr genau gesehen, wer soeben dieses Gemach verlassen hat, und ich kann mir denken, was für schmutzige Dinge Ihr hier treibt.«

»Was wollt Ihr von mir?«, rief Jacobine und überging seine Anspielungen. »Wie seid Ihr aus Eurem Zimmer gelangt?«

»Oh, habt Ihr wirklich geglaubt, Ihr könntet mich auf ewig fortsperren? Allein dafür möchte ich Euch den Hals herumdrehen. Es ist unentschuldbar, dass Ihr mich so behandelt. Immerhin bin ich der Herzog!«

»Ich habe Euch nicht eingesperrt! Es geschah auf Anraten Eures Arztes!«

Der Herzog kam um den Tisch herum auf sie zu, und Jacobine überlegte fieberhaft, wie sie am besten Hilfe herbeirufen konnte. Bis zur Türe zu laufen, vermochte sie nicht, denn der Herzog versperrte ihr den Weg.

»Den Ihr bestochen habt! Ihr seid ein liederliches Frauenzimmer, das noch nicht einmal seinen Pflichten nachzukommen vermag.« Jetzt, wo der Herzog nur noch eine Tischlänge von ihr entfernt stand, konnte sie ganz deutlich seinen weinschweren Atem riechen. »Aber es gibt hier im Hause sehr viele, die mir treu zur Seite stehen und es nicht zulassen, dass Ihr mich wie einen Hund einsperrt.«

»Beruhigt Euch«, versuchte sie ihn zu beschwichtigen. »Ihr sollt Euch nicht über Maß erregen. Dies ist nicht gut für Eure Gesundheit.«

»Seit wann interessiert Ihr Euch für meine Gesundheit? Euch wäre es doch am liebsten, ich würde für immer verschwinden, damit Euer Liebhaber meinen Platz einnehmen kann!«

»Ihr redet im Wahn! Was hätte ich davon, Euch etwas anzutun? Bitte, beruhigt Euch!«

»Haltet endlich den Mund!«, bellte er und wandte sich dem Kanapee zu, das neben der Tür stand. Da sah sie eine Möglichkeit zur Flucht und rannte los. Doch in der Eile trat sie auf den Rock ihres Schlafgewandes und stolperte über seinen Saum.

Mit einem Satz war der Herzog bei ihr und zerrte sie an ihren langen Haaren vom Boden hoch.

Mit einem Aufschrei versuchte sie sich aus seinem Griff zu befreien. Doch der Herzog zog immer kräftiger, und ihr wurde vor Schmerzen schwindelig.

»Ihr verlasst dieses Zimmer erst dann, wenn ich es Euch erlaube! Habt Ihr dies verstanden?«, schrie er und versetzte ihr einen heftigen Schlag, sodass sie erneut zu Boden stürzte.

»Hilfe!«, schrie sie aus Leibeskräften. »Hilfe, er will mich umbringen!«

»Schweigt!«, brüllte er wie von Sinnen. »Niemand wird Euch hier zur Hilfe kommen! Habt Ihr schon vergessen, dass Ihr alle Bediensteten für Euer Schäferstündchen aus diesem Trakt fortgeschickt habt, damit Ihr ungestört Eure Liebschaften genießen könnt?« Der Herzog griff abermals nach ihren Haaren und zog ihr Gesicht ganz nah an seines heran. Jacobine wurde es von seinem Geruch beinahe übel. »Jetzt können wir beide in aller Ruhe reden.«

»Bitte, tut mir nichts an«, wimmerte Jacobine und suchte sich zu befreien. Doch je mehr sie sich bewegte, umso stärker riss er an ihren Haaren.

»Ich mache, was ich will!«, schrie er ihr ins Gesicht, und Speichel tropfte aus seinem Mund.

»Bitte, ich habe Euch doch nichts getan!«

»Ach ja? Ihr habt Verpflichtungen, und genau diesen kommt Ihr nicht nach.« Brutal drückte er jetzt ihren Kopf auf den Boden.

Jacobine blieb ganz ruhig liegen und versuchte, nicht auf seine Hand zu achten, die nun unter ihr Nachtgewand glitt. Sie spürte Ekel in sich aufsteigen, als seine groben Berührungen immer intimer wurden.

»Es ist Eure Pflicht, mir einen Erben zu schenken«, ertönte seine Stimme ganz nah an ihrem Ohr. Jacobine wusste nicht, was schlimmer war – der Schmerz an ihrem Haupte oder seine Annäherungen. »Darum hole ich mir jetzt das, was mir von Rechts wegen zusteht!«

Erneut bäumte sie sich unter seinem Griff auf und versuchte sich freizukämpfen.

»Haltet still!«, brüllte der Herzog, und schlug ihr so heftig ins Gesicht, dass zwei ihrer Zähne abbrachen. Wimmernd schloss sie die Augen, und da fasste sie den Beschluss, alles über sich ergehen zu lassen. Je schneller dies vorbei war, umso besser. So blieb sie still liegen und versuchte, an etwas anderes zu denken.

»Ich werde Euch noch beibringen, wie Ihr Euch zu verhalten habt. Öffnet die Augen! Sofort!«

Jacobine schluchzte leise und verspürte warmes Blut an ihrem Kinn hinunterlaufen. Doch sie vermochte die Augen nicht zu öffnen, denn nur so konnte sie die Demütigung ertragen.

Der Herzog prügelte abermals auf sie ein. »Öffnet die Augen, Weib!«, schrie er wie von Sinnen, und Jacobine wurde beinahe ohnmächtig. »Wollt ihr wohl endlich tun, was ich Euch befehle!« Der Herzog ließ ihre Haare los, legte plötzlich beide Hände um ihren Hals und begann zuzudrücken. Jacobine versuchte sich zu wehren, doch gegen die Kraft des Herzogs konnte sie nichts ausrichten.

»Nun öffnet endlich die Augen! Ich will, dass Ihr mich anseht!«

»Nein«, röchelte sie, und Verzweiflung breitete sich in ihr aus. Schmerzhaft machte sich die Atemnot in jeder Faser ihres Körpers bemerkbar. Da riss sie voller Schrecken die Augen auf und blickte in das verzerrte Gesicht ihres Mannes. Doch schon begannen ihre Sinne zu schwinden, und irgendwann stürzte sie in eine schwarze Leere.

Laute Stimmen weckten sie aus ihrer Ohnmacht. Sie fühlte sich sehr benommen, und es dauerte einige Zeit, bis sie sich erinnerte, was geschehen war. Da begann sie laut zu schreien und die Hände nach den Bediensteten auszustrecken. Doch niemand nahm Notiz von ihr. Alle schienen durch sie hindurchzusehen. Was war denn nur los mit ihnen? Gewahrten sie denn nicht, wie schlecht es ihr nach den Attacken des Herzogs ging?

»Das bleibt nicht ungestraft!«

Jacobine wandte den Kopf und erschrak. Zwei Diener hielten ihren Liebhaber an beiden Armen fest, und ihr Ehemann drosch mit seinen Fäusten auf ihn ein.

»Für diese Tat werdet Ihr im Kerker schmoren!«

»Ich habe nichts damit zu tun!«, wimmerte ihr Liebster und versuchte den Fausthieben auszuweichen. Jacobines Gedanken rasten. Wo war er denn plötzlich hergekommen? »Ich hörte seltsame Geräusche und wollte nachsehen, was hier los war. Da fand ich sie leblos auf dem Boden liegend!«

Erst jetzt nahm Jacobine die Gestalt auf dem Boden wahr. Verwirrt starrte sie in das totenbleiche Gesicht. Wie konnte das sein? Die Frau dort auf dem Boden sah ja genau so aus wie sie selbst. Von Schwindel übermannt, musste sie sich an der Wand festhalten.

»Ihr lügt! Wer sonst außer Euch sollte meine Frau wohl getötet haben?«, drang die Stimme ihres Mannes an ihr Ohr.

Sie starrte ihren Gatten fassungslos an. Was sprach er denn da? Sie war tot? Erschrocken blickte sie abermals hinunter zu der leblosen Gestalt auf dem Boden, und da endlich gewahrte sie, was geschehen war.

»Ihr habt sie gemeuchelt!«

Unbändige Wut stieg in Jacobine auf. Wie konnte ihr Gatte sich unterstehen? Er selbst hatte sie gewürgt und nicht ihr Liebster!

»Er lügt!«, rief sie hasserfüllt und versuchte, am Ärmel des Herzogs zu ziehen. Doch ihre Hand griff ins Leere.

»Führt ihn ab!«, rief der Herzog und kniete sich neben Jacobines Leichnam. »Mein Engel, dies soll nicht umsonst geschehen sein! Ich werde Euren Tod rächen.«

»Lügner!«, schrie Jacobine und wollte sich auf den Herzog stürzen. Doch erneut griff sie wie durch Luft durch ihn hindurch. Schluchzend sank sie zu Boden. Sie vermochte nicht einzugreifen!

»Oh, Herrgott im Himmel. Verleiht mir die Macht, mich bemerkbar zu machen. Es darf nicht sein, dass ein Unschuldiger für den Frevel meines Mannes büßen muss!«

Hilflos sah sie zu, wie ihr lebloser Körper aus dem Zimmer getragen wurde und wie der Herzog dabei in geheuchelter Trauer dastand. Weinend verharrte sie auf dem Boden und vergaß darüber allmählich jegliches Gefühl für die Zeit.

Kurze Zeit nach der Bestattung der Herzogin wurde im Schwanenzimmer zum ersten Male die weiße Frau gesehen. Auch wenn viele Erscheinungen laut sind oder gar gellend sich ankündigen, so blieb die weiße Frau immer stumm und ruhig. Dennoch sandte sie Warnungen in die Herzen der Menschen. Manche glauben, dass sie immer dann erscheint, wenn sie die Düsseldorfer vor einem Unglück warnen will, denn schon mehrmals geriet das Schloss danach in Brand. Andere wiederum meinen, dass es nur durch sie selbst zu den Bränden kam, weil jeder, dem sie erschien, vor Schreck seine Fackel oder Kerze fallen ließ. Oder suchte sie in dem Schloss immer noch nach ihrem Liebsten? Hier scheiden sich die Geister. Sicher ist nur, dass sie auch nach dem letzten Brand noch in den Straßen Düsseldorfs gesehen wurde.

Der Schwanenritter

Das Wasser des Rheins schlug gegen die Bordwand der Barke. Der junge Ritter hob müde den Kopf und warf einen Blick zurück. Er konnte nur noch die Umrisse der Frau erkennen, die einsam unterhalb der stattlichen Burg am Ufer stand. Der Kummer brach ihm das Herz. Noch nie war ihm ein Abschied so schwer gefallen, denn er wusste, dass es für ihn kein Zurück mehr geben würde. Langsam drehte er sich wieder nach vorne und blickte auf den weißen Schwan, der die Barke bedächtig flussabwärts zog. Alles schien wie damals, da er vor neun Jahren am Ufer unterhalb der Burg angelegt hatte, außer, dass er jetzt flussabwärts fuhr. Tief betrübt schloss er die Augen und kehrte im Geiste zurück zu jenem Tag, an dem er einst dieses Ufer betreten hatte.

»Wer seid Ihr und was führt Euch vor die Mauern dieser Burg?«, rief ein Mann von den Mauern herab, nachdem er dreimal kräftig in sein Elfenbeinhorn geblasen hatte.

»Ich bin ein Ritter der Erde und ein Streiter des Himmels, und ich bin gekommen, um Gerhard, dem Vogt dieser Burg, Einhalt zu gebieten.« Für einen Augenblick schwieg der Ritter und blickte hinauf zu der lieblichen Gestalt, die von dem Altan der Burg auf ihn hinabsah. »Ich befehle Vogt Gerhard, Prinzessin Beatrix, welche er unrechtmäßig gefangen hält und ungeachtet seiner niederen Herkunft ehelichen will, sofort freizulassen! Sollte er diesem Befehl nicht Folge leisten, fordere ich ihn zum Zweikampf auf Leben und Tod mit der Lanze, der Streitaxt und dem Schwert.« Mit diesen Worten zog der Ritter seinen Ritterhandschuh aus und warf ihn zu Boden. Still stand er vor der Burg und wartete auf eine Antwort. Zunächst rührte sich nichts, doch dann öffnete sich das Burgtor und ein Diener eilte hinaus. Stumm nahm er den Ritterhandschuh auf und wartete. Einige Zeit später jedoch ritt der Burgvogt auf seinem Streithengst aus der Burg und nahm den Handschuh entgegen.

Der junge Ritter wartete, bis der Diener sich entfernt hatte und klappte das Visier seines Helmes hinunter. Er war angefüllt mit freudiger Erwartung, und sein Streitross begann zu tänzeln. »Ruhig«, flüsterte er und betrachtete Gerhard, der mittlerweile ebenfalls sein Visier hinuntergeklappt und sich in Stellung gebracht hatte. Langsam hob er seine Lanze und gab seinem Ross die Sporen. Im gestreckten Galopp stürzte er auf ihn los. Gerhard tat es ihm gleich, und rasch verkürzte sich die Entfernung zwischen ihnen. Die Hufe donnerten, und mit einem lauten Klirren prallten die Lanzen der beiden Ritter aufeinander. Holz splitterte, und die Lanze Gerhards zerbrach in tausend Stücke. Die Waffe des jungen Ritters jedoch fand ihr Ziel. Sie durchbohrte den Schild, den Harnisch und schließlich das Herz des Vogtes. Tödlich getroffen sank dieser von seinem Pferd. Nicht ein Laut war über seine Lippen gekommen.

Der siegreiche Ritter blieb neben dem leblosen Körper des Vogtes stehen und beobachtete das Treiben um sich herum. Er nahm das wilde Geschrei und die unzähligen Männer wahr, die hinaus stürmten und den Vogt umringten. Dann fesselte die einsame Gestalt oben auf dem Altan seine Aufmerksamkeit. Der Anblick ließ sein Herz schneller schlagen. Leicht gab er seinem Pferd die Sporen und ritt ungehindert ins Innere der Burg. Auf dem Burghof sah er sich um, und bald entdeckte er die Treppe, die auf den Altan hinaufführte. Eilends band er sein Pferd an und wandte sich der Treppe zu. Voller freudiger Erwartung sprang er beschwingt die ersten Stufen hinauf. Just in diesem Augenblick trat Beatrix von oben auf die Treppe hinunter. Ihre lieblichen Gesichtszüge wurden von langen goldenen Locken eingerahmt, die lose über ihre zarten Schultern fielen. Ihre Augen strahlten, und er hatte das Gefühl, in ihrem tiefen Blau zu versinken. Nur am Rande nahm er den leise klingenden Rosenkranz wahr, den sie fest umschlungen in ihren Händen hielt. »Mein edler Ritter«, rief sie ihm zu, »habt Dank! Ihr habt mich im letzten Moment vor großer Schmach und Schande bewahrt. Darum betrachtet diese Mauern als die Eurigen, denn Ihr habt sie erobert. Je länger Ihr in ihnen zu verweilen gedenkt, umso größer wird meine Dankbarkeit sein.«

Der Ritter zog den Helm ab und neigte leicht sein Haupt. »Mein edles Fräulein. Nicht mir gebührt Euer Dank, sondern Gott, der mich zu Eurer Rettung hierher gesandt hat. Ich fühle mich sehr geehrt, dass Ihr mir Euer Hab und Gut zu Füßen legen wollt. Doch diese Mauern sind seit Jahrhunderten Sitz Eurer Ahnen, und dies soll auch in den nächsten Jahrhunderten so bleiben!«

Erstaunt sah er, wie Beatrix errötete und den Kopf senkte. »Dann wenigstens seid mein Gast und verweilt in meinem Heim.«

Ein glückliches Strahlen breitete sich über sein Gesicht aus. »Gerne nehme ich Eure Gastfreundschaft an.« Dabei ergriff er ihre rechte Hand und strich sanft über den Rosenkranz, den sie immer noch umklammert hielt.

»Dies ist ein Geschenk meines Oheims«, flüsterte Beatrix. »Am Abend vor seiner Abreise ins Heilige Land gab er ihn mir und gebot mir, wenn ich Kummer habe, dann solle ich ihn nehmen und ein Gebet sprechen. Einst war er im Besitz des Einsiedlers Peter.« Beatrix hielt kurz inne und sah den Rosenkranz lächelnd an. »Er hat sein Versprechen gehalten und Euch zu meiner Rettung gesandt. Doch nun kommt und seid mein Gast.«

So geschah es, dass der junge unbekannte Ritter Einzug in die Burg hielt. Er seinerseits war voller Bewunderung für Beatrix' vollendete Schönheit, und er genoss jeden einzelnen Augenblick, den er mit ihr verbringen konnte.

Eines Morgens ließ die junge Herzogin den Ritter zu sich kommen. Unruhig lief sie hin und her, und der Ritter fragte sie, was ihr wohl auf der Seele liege. »Was bedrückt Euch?« Beatrix atmete tief ein und blieb vor ihm stehen. »Nun seid Ihr schon seit drei Monaten Gast in diesen Mauern«, begann sie. »Und obwohl ich weder Euren Namen noch Eure Herkunft kenne, bin ich mir sicher, dass Ihr von edlem Blute seid, denn Euer Benehmen ist untadelig.« Sie hielt kurz inne und strich sich nervös eine widerspenstige Strähne aus dem Gesicht. »Mit den Wochen seid Ihr mir so sehr ans Herz gewachsen, dass ich es nicht ertragen könnte, wenn Ihr mich wieder verlassen würdet.«

Der Ritter trat einen Schritt vor und ergriff ihre Hand. »Seid gewiss, mein edles Fräulein, ich habe nicht vor, Euch zu verlassen. Mein Schwert und mein Herz liegen Euch zu Füßen.« Beatrix sah ihn dankbar an. »Ihr seid zum richtigen Zeitpunkt zu meiner Rettung herbeigeeilt, und ich muss gestehen, dass aus meiner tiefen Dankbarkeit Liebe erwachsen ist. Darum bitte ich Euch, mein Herz, meine Hand und mein Herzogtum anzunehmen und bis ans Ende Eurer Tage an meiner Seite zu bleiben.«

In die Knie sinkend, drückte er ihre Hand. »Oh, anbetungswürdige Beatrix. Ihr könnt gar nicht ermessen, wie glücklich mich Eure Worte machen, denn mein Herz ist voller Liebe für Euch. Doch bevor ich Euch mein Wort gebe, muss ich Euch um etwas bitten.«

»Sprecht, mein edler Held. Alles, was Ihr begehrt, will ich Euch gewähren!«

»Ich muss das große Glück, in Euren Augen würdig zu sein, Euer Ehemann zu werden, an eine Bedingung knüpfen. Versprecht mir hier und jetzt, dass Ihr mich niemals fragen werdet, wer ich bin, woher ich komme oder wer mich gesandt hat.«

»Was kümmern mich diese Dinge?«, rief Beatrix.

Der Recke senkte kurz sein Haupt, um dann wieder zu ihr aufzuschauen. »Seid gewiss, ich würde Euch die Antworten auf diese Fragen niemals vorenthalten. Doch jene Macht, die mich über Berge, Täler und Flüsse zu Euch führte, legt mir dieses Gesetz auf, und ich muss mich dem beugen. Sollte ich Euch diese Fragen jemals beantworten, müsste ich Euch verlassen, und wir wären für immer getrennt.«

Beatrix entzog ihm ihre Hand und lief aufgeregt auf und ab. Der Ritter erhob sich und blickte sie wartend an.

»Denkt Ihr, für mich wäre eine dieser Fragen von Bedeutung? Was kümmert es mich, woher Ihr kommt, wer Ihr seid oder von wem Ihr geschickt wurdet? Wir wollen die Vergangenheit vergessen und nun nur noch in die Zukunft schauen. Hier«, lächelnd streckte sie ihm wieder ihre Hand entgegen, »nehmt meine Hand.«

Der junge Ritter ergriff ihre zarten Finger, bedeckte sie mit heißen Küssen und sprach: »Dann will ich Euch zu meinem Weibe nehmen.«

Bereits einen Monat später wurde die Hochzeit gefeiert, und Beatrix schenkte ihrem Gatten binnen drei Jahren drei Söhne. Sie wurden auf die Namen Robert, Gottfried und Rudolf getauft. So verging die Zeit, und die Herzogin und ihr Gatte waren sich in tiefer Liebe zugetan und genossen jeden Augenblick des Zusammenseins.

Nun ergab es sich, dass der Ritter eines Morgens ein Gespräch Beatrix' mit ihrem ältesten Sohn anhörte.

»Mutter«, hörte er Robert fragen. »Wie lautet eigentlich der Name meines Vaters?«

Der Ritter hielt erschreckt den Atem an und wartete gespannt auf Beatrix' Antwort.

»Warum fragst du mich danach, mein Sohn?«, hörte er sie antworten. Der Schrecken war ihrer Stimme deutlich anzuhören.

»Der Sohn des Barons von Aspern hat mich danach gefragt.«

»Nun, dein Vater heißt der Schwanenritter.«

»Sonst hat er keinen weiteren Namen?«

»Nein, mein Sohn.«

»Danke Mutter, diese Antwort werde ich mir merken.« Der Ritter beobachtete Beatrix in den nächsten Tagen sehr aufmerksam. Doch sie erwähnte das Gespräch mit keinem Wort, und mit der Zeit wuchs Gras über die Sache. Auch wenn die Unbeschwertheit der letzten Jahre verflogen war, änderte es doch nichts an ihrer tiefen Liebe. So verging ein weiteres Jahr, bis er am Ufer des Rheines seine Gattin mit seinem mittleren Sohn Gottfried sah, der sein Spiel unterbrochen hatte und ungeduldig an ihrem Kleid zerrte. Neugierig ging er näher, um den Grund für seinen Unmut zu erfahren. »Mutter, als Vater vor vielen Jahren in einer von einem Schwan gezogenen Barke hier ankam, woher kam er da?«

Der Ritter sah, wie Beatrix seufzend die Augen schloss. »Warum fragst du das, mein Sohn?«

»Weil mich das der Sohn des Grafen von Megan gefragt hat.«

»Ach Gottfried«, antwortete Beatrix traurig, »dein Vater kommt aus einem fernen, unbekannten Land. Mehr weiß ich auch nicht.«

»Habt Dank, Mutter. Diese Antwort werde ich meinem Spielkameraden geben!« Mit diesen Worten rannte er zurück zu seinen Freunden und spielte fröhlich am Rheinufer weiter.

Der Ritter ging langsam zu Beatrix, die träumend den Rhein hinabsah. »Zum Gruße, mein Weib«, begrüßte er sie. »Was bedrückt dich?«

Beatrix wandte den Kopf und ging ihrem Mann entgegen. »Nichts, mein Liebster. Ich war nur in Gedanken.« Mit diesen Worten ergriff sie seine Hand und schwieg.

Der Ritter beobachtete Beatrix von diesem Tage an noch genauer und fand sie oft voller Unruhe und nachdenklich. Er verdoppelte seine Sorgfalt und seine Zärtlichkeit, um sie von ihren trüben Gedanken zu befreien. Doch so recht wollte es ihm nicht gelingen, und es betrübte ihn sehr, denn er fürchtete, dass sie ihren Schwur brechen und ihn all die Dinge fragen würde, die seine Söhne so gerne wissen wollten. Es gab Tage, da verlangte es ihn, ihr alles zu sagen. Allein die Gewissheit, dass er sie dann verlieren würde, hielt ihn davon ab. So verging ein weiteres Jahr voller Unruhe und Angst.

Eines Morgens fand er Beatrix weinend in der Stube vor. Vorsichtig setzte er sich zu ihr und ergriff ihre Hände. »Was bedrückt dich? Willst du es mir nicht sagen?«

Beatrix hob ihr tränennasses Antlitz und sah ihren Gatten traurig an. »Heute früh kam der kleine Rudolf zu mir und wollte von mir wissen, wer dich damals geschickt hat, um mich aus der Gewalt des Vogtes zu befreien.«

Der Ritter seufzte leise auf und sah zu Boden. »Und was hast du ihm geantwortet?«, fragte er flüsternd.

»Dass du von Gott gesandt wurdest, welcher auf alle Leidenden hinabblickt und ihnen seine Engel zur Hilfe sendet.«

»Und war unser Sohn mit dieser Antwort zufrieden?«

»Für heute ja«, erwiderte Beatrix. »Doch sie werden immer wieder kommen und mich nach deinem Namen, deiner Herkunft und deinem Auftrag fragen. Was soll ich ihnen dann antworten? Für einen Sohn ist der Name des Vaters der größte Schatz, und unsere Kinder haben keinen Namen. Heute noch mögen sie sich mit meinen Antworten zufrieden geben, doch wie wird es sein, wenn sie einst erwachsene Männer sind und selbst danach gefragt werden?«

Dem Ritter wurde heiß und schwindelig. Sanft küsste er Beatrix auf die Stirn und erhob sich. »Du möchtest, dass ich dir alles erzähle, obwohl du die Folgen kennst?«

Schweigend sah Beatrix zu ihm auf.

»Ach, Himmel«, seufzte der Ritter. »Wie sehr habe ich diesen Tag gefürchtet. Doch es musste wohl so kommen. Heute Abend werde ich diesen Wünsch erfüllen.«

Mit diesen Worten verließ er die Stube und lief bis zum Abend am Rheinufer entlang. Vor Kummer drohte sein Herz zu zerspringen, und tiefer Schmerz nahm ihm die Luft zum Atmen. Dann, gerade als die Sonne ihre letzten Strahlen über den Rhein warf, holte er Beatrix in ihrer Stube ab und begab sich mit ihr auf den Altan. Auch Beatrix war niedergeschlagen und betrübt. Doch beide wussten, dass es nun kein Zurück mehr geben konnte. Eine Zeitlang verweilten sie stumm nebeneinander und blickten hinab zu der Stelle, an der er vor neun Jahren angekommen war. Er holte tief Luft, doch noch bevor er auch nur ein einziges Wort zu sprechen vermochte, warf sich Beatrix zu seinen Füßen auf den Boden.

»Nein, nein«, weinte sie, »erzähle mir doch nicht jenes Geheimnis, das uns so teuer zu stehen kommen wird. Bitte, bitte, vergiss all meine dummen Fragen, auf dass alles so bleibe, wie es einst war.«

Der Ritter lächelte sie wehmütig an und strich über ihre Haare. »Ach, meine geliebte Beatrix. Nichts im Leben geschieht ohne Sinn. Der Allmächtige lenkt und leitet unser Tun, und dass du mir eben jetzt diese Fragen stelltest, ist für mich das Zeichen, dass es Zeit ist zu gehen.«

»Nein, nein«, weinte Beatrix herzzerreißend. »Ich beschwöre dich! Sag kein Wort!«

Der Ritter nahm sie in die Arme und sog zum letzten Male den süßen Duft ihrer Locken in sich auf. »Ich bin dankbar für neun wundervolle Jahre, die ich an deiner Seite verbringen durfte. Mir wurde die größte Gnade zuteil, die einem Manne zuteil werden kann, und dafür danke ich dem Höchsten. So schwer es mir auch fällt, doch es ist an der Zeit. Sieh«, dabei zeigte er auf den Rhein, wo weit entfernt die Barke mit dem Schwan erschien, »dort ist der Beweis. Doch bevor ich gehe, will ich dir erzählen, was zu erfahren schon lange dein geheimer Wunsch ist.«

Seufzend begann er zu sprechen. »Ich bin der Waffengefährte deines Oheims Gottfried von Bouillon, der Graf Rudolf von Wost, der bei dem Sturm der heiligen Mauern von Jerusalem sein Leben ließ.«

»Nein!«, rief Beatrix und hob ihr schreckensbleiches Antlitz.

»Ich weiß, dass es in deinen Ohren unglaublich klingen mag, doch du musst bedenken, dass ich an dem Ort der Wunder war und der Herrgott mir diese Gnade zuteil werden ließ.«

»Allmächtiger, das ist doch unmöglich!«

»Es entspricht aber der Wahrheit. Ich bin Rudolf von Wost, dein Verlobter. Wie du dich erinnerst, hatte dein Oheim mich damals bei seinen Männern zurückgelassen, als er Euch besuchte.

Nach seiner Rückkehr schwärmte er den ganzen Weg nach Palästina von deiner Schönheit und Tugend. Ich war damals 20 Jahre alt, und mein Herz war noch rein. Ich verliebte mich damals unsterblich in dich. Du kannst dir sicherlich vorstellen, wie glücklich ich war, als sowohl dein Vater wie auch dein Oheim die Einwilligung zu unserer Verbindung gaben. Als dein Vater vor Ricäa fiel, weinte ich aufrichtig um ihn. Damals gab er mir auf dem Sterbebett seinen Segen und erneuerte seine Einwilligung. In den folgenden Monaten der Reise schloss ich dich in meine Gebete ein, und obwohl ich dich noch nie gesehen hatte, wurdest du mir sehr vertraut. Nach langer Zeit kamen wir endlich an den Mauern von Jerusalem an. Wir wurden die ersten drei Male beim Ansturm auf die Stadt zurückgeschlagen und verloren dabei viele gute und fähige Männer.« Rudolf hielt kurz inne und ließ seinen Blick über den Rhein gleiten, wo der Schwan mit der Barke mittlerweile gut zu erkennen war. »Unser letzter Angriff währte sechzig Stunden, und wir wussten, dass wir siegen würden. Gottfried und ich setzten uns an die Spitze eines wagemutigen Haufens und wir kletterten gemeinsam eine Leiter hinauf. Unbeschadet erreichten wir den Wall. Da blitzte plötzlich ein Schwert vor meinem Auge, und es durchzuckte mich ein grober Schmerz. Als ich spürte, dass ich sterben musste, rief ich zum letzten Male deinen geliebten Namen. Was danach geschah, weiß ich nicht mehr, denn ich war tot!« Rudolf sah zu Beatrix hinab, die ihm leise schluchzend zuhörte. »Ich kann dir nicht sagen, wie lange es dauerte, doch irgendwann berührte mich eine Hand, und ich öffnete die Augen. Da erblickte ich deinen Oheim Gottfried vor mir. Zuerst erkannte ich ihn nicht, denn er trug einen Purpurmantel auf seinen Schultern und eine Krone auf seinem Haupt. Erst als er sein Wort an mich richtete, gewahrte ich, dass er es war. Er befahl mir aufzustehen, um dir zu Hilfe zu eilen. Aber ich vermochte mich nicht zu rühren. Erst als Gottfried sich über mich beugte und seinen Atem in meinen Mund hauchte, spürte ich, wie Leben und Gefühl in mich zurückkehrten. Ich nahm all meine Kraft zusammen und rief deinen Namen.«

»Ach, Rudolf«, schluchzte Beatrix.

»Ja, meine Liebste, der Herrgott schenkte mir mein Leben, um deines zu retten. Doch ich will nicht abschweifen. Gottfried hatte über all die Täler, Berge und Bäume hinweg das Glöckchen deines Rosenkranzes vernommen, den er dir am Tage seiner Abreise gegeben hatte. Nun, da du in arger Bedrängnis warst, war er durch den Klang geweckt worden.«

»Er konnte meine Gebete hören? Er hat also sein Versprechen gehalten.« Beatrix strich leicht über den Rosenkranz, den sie mit hinauf auf den Altan genommen hatte. »Da er selber nicht kommen konnte, schickte er dich. Doch erzähl, was ist mit ihm geschehen? Er war doch auch tot.«

»Ja, kurz nach meinem Tode errangen unsere Männer den Sieg, und dein Oheim wurde König von Jerusalem. Gleichzeitig blieb er der Anführer des Kreuzfahrerheeres, und bei der Rückkehr von einem Feldzug gegen den Sultan von Damaskus wurde er von dem Emir von Cäsarea empfangen und hinterhältig mit einem Apfel vergiftet. Nach vier Tagen im Todeskampf verstarb er im Jahre 1100. Auf seinem Sterbebett hatte er verordnet, dass seine sterblichen Überreste neben den meinigen bestattet werden sollten. Man leistete seiner Bitte Folge, und so stand er nun im Purpurmantel und mit seiner Krone vor mir. Er erklärte mir nun, dass er bis in seinen ewigen Schlaf hinein das Glöckchen deines Rosenkranzes gehört habe und du dich in arger Bedrängnis befändest. Gott selbst hat ihn erwachen lassen, damit er sein Versprechen dir gegenüber halten konnte.« Rudolf lächelte sanft zu Beatrix hinab, die gebannt seinen Worten lauschte. »Selbst in diesem Augenblicke dachte Gottfried nur an dein Wohl und bat Gott darum, dass ich dir zu Hilfe eilen durfte. Ja, er bat Gott darum, dass ich an seiner Statt wieder zum Leben erweckt würde. Er selber verzichtete für sich auf diese Gnade, denn er hatte in seinen Augen in seinem Leben alles erreicht. Doch er wusste um meine unerfüllte Liebe zu dir.«

»Ach, Rudolf, mein Oheim war wirklich ein ganz besonderer Mensch.«

»Wohl wahr, Gott gewährte ihm die Bitte, und ich konnte dir zu Hilfe eilen. Er sagte, dass, solange du mich nicht nach meinem Namen, meiner Herkunft und meinem Auftrag fragen würdest, ich an deiner Seite bleiben dürfe.« Rudolf hielt kurz inne. »Diese Fragen sollten für mich das Zeichen sein, dass er mich zu sich zurückruft. Nun ist dieser Tag gekommen, und ich möchte mich gerne noch von meinen Söhnen verabschieden.«

»Aber Liebster, sag mir, wie bist du aus dem Sarg gekommen und woher hattest du dein Ross und dein Schwert?«

»Mein Schwert hatte ich bei meinem letzten Kampf verloren, und es ward auch nicht mehr gefunden. Gottfried gab mir seines, das aus purem Gold gefertigt war. Vor der Kirche, in der Gottfrieds und mein Sarkophag aufbewahrt wurden, stand ein gerüstetes Schlachtross, und auf der Mauer lag eine Lanze. Ich war mir sicher, dass beides für mich bestimmt war. Ich ergriff die Lanze und bestieg das Pferd. Ich wusste, dass Gott mich führen würde, und ließ das Pferd seinen Weg ziehen. Ein ganzes Jahr ritt ich und durchquerte die Levante, Kleinasien, den Balkan und unzählige Wiesen und Wälder. Dann gelangte ich irgendwann an den Rhein, an dessen Ufern ich jene Barke fand. Sie wurde von diesem weißen Schwan hierher gezogen. Das Übrige dieser Geschichte ist dir wohl vertraut. Doch nun ist es an der Zeit. Die Barke liegt genau an jener Stelle, an der ich vor neun Jahren angelegt habe und ...«

»Ach, Rudolf«, schluchzte Beatrix, »dieses Mal ist sie gekommen, um dich von mir zu trennen. Warum musste ich dir nur diese Fragen stellen? Kannst du mir jemals verzeihen?«

»Meine Liebste! Ich habe dir nichts zu verzeihen. Mir wurde das größte Glück der Erde zuteil, und Gott will, dass ich genau jetzt zurückkehre. Darum ließ er dich diese Fragen stellen.« Rudolf zog Beatrix hoch und drückte sie an seine Brust. »Ich war in den letzten neun Jahren im Paradies, und ich wünschte mir, dass wir uns irgendwann wiedersehen werden. Doch nun kommt!« Mit diesen Worten wandte er sich zur Treppe und rief seine Söhne herbei.

»Robert!«, sagte er zu seinem Ältesten und umarmte ihn. »Ich muss euch nun verlassen. Darum will ich dir mein Schwert und meinen Schild reichen. Von dem heutigen Tage an sollst du meinen Platz einnehmen.«

Dann nahm er seinen mittleren Sohn Gottfried in den Arm. »Dir, mein Sohn, vererbe ich mein Elfenbeinhorn und die Grafschaft Louen.«

Zuletzt schloss er seinen jüngsten Sohn Rudolf in die Arme und übereignete ihm seinen Brillantring und die Grafschaft Wesse.

Dann umschlang er ein letztes Mal seine Gemahlin. »Lebe wohl, meine Liebste«, flüsterte er der weinenden Beatrix ins Ohr. »Meine Zeit ist gekommen. Bleibe du hier an diesem Ort stehen und folge mir nicht.«

Zu seinen Söhnen sprach er: »Spendet eurer Mutter Trost. Sie ist nun sehr traurig und braucht euren Zuspruch.«

Alle drei blickten ihn stumm nickend an. Rudolf war sich gewiss, dass seine Söhne noch zu jung waren, um den Kummer ihrer Mutter zu verstehen. Schnell wandte er sich ab und lief die Treppe hinab in den Hof. Dort stand gesattelt und gerüstet sein Pferd. Eilig schwang er sich in den Sattel und ritt langsam über die Wiese hinab zum Rhein. Auf diesem schwersten Weg seines Lebens wandte er sich bei jedem Schritt um und blickte zurück zu seinen Liebsten.

Beatrix konnte diese Trennung nie verwinden, und von diesem Tage an stieg sie jeden Abend hinauf auf den Altan und schaute hinaus auf die grünen Fluten des Rheines. Immerzu hoffte sie, dass Rudolf zurückkehren würde, doch die von dem weißen Schwan gezogene Barke wurde nimmermehr gesehen. Die stattliche Burg trägt seit diesen Tagen den Namen Schwanenburg.

Schöner, geheimnisvoller Rhein: Wo die Sagen und Legenden beheimatet sind

1 Wie der Rhein seinen Weg fand
Rhein, Quellflüsse

2 Die Insel Mainau
Insel Mainau

3 In Rosen baden
Basel

4 Des Ammeisters Sohn
Straßburg

5 Karls Ruhe
Karlsruhe

6 Kaiser Rudolf und Graf Eberstein
Ebersteinburg und Speyer

7 Der Wolfsbrunnen
Heidelberg

8 Der Spuk am Fensterrahmen
Mannheim

9 Der Drache von Worms
Worms

10 Das Lumpenglöckchen
Mainz

11 Der Schelm von Bergen
Frankfurt am Main

12 Die Weinkenner von Kloster Eberbach
Eltville am Rhein

13 Wie Hildegard von Bingen Magistra wurde
Kloster Disibodenberg

14 Brautwerbung auf Burg Rheinstein
Burg Rheinstein

15 Der Teufelskädrig
Lorch (Rheingau)

16 Der blinde Schütze auf Sooneck
Burg Sooneck

17 Die sieben Schwestern
Oberwesel

18 Die Jungfrau auf der Loreley
Loreley

19 Die Marksburg
Braubach

20 Korporal Spohn
Austerlitz und Koblenz

21 Rolandseck und Drachenfels
Rolandseck und Drachenfels

22 Das Siebengebirge
Siebengebirge, Königswinter

23 Siegfried und der Lindwurm
Siebengebirge

24 Der Wind und der Teufel
Bonn

25 Richmodis von Aducht
Köln

26 Die weiße Frau im Düsseldorfer Schloss
Düsseldorf

27 Der Schwanenritter
Kleve

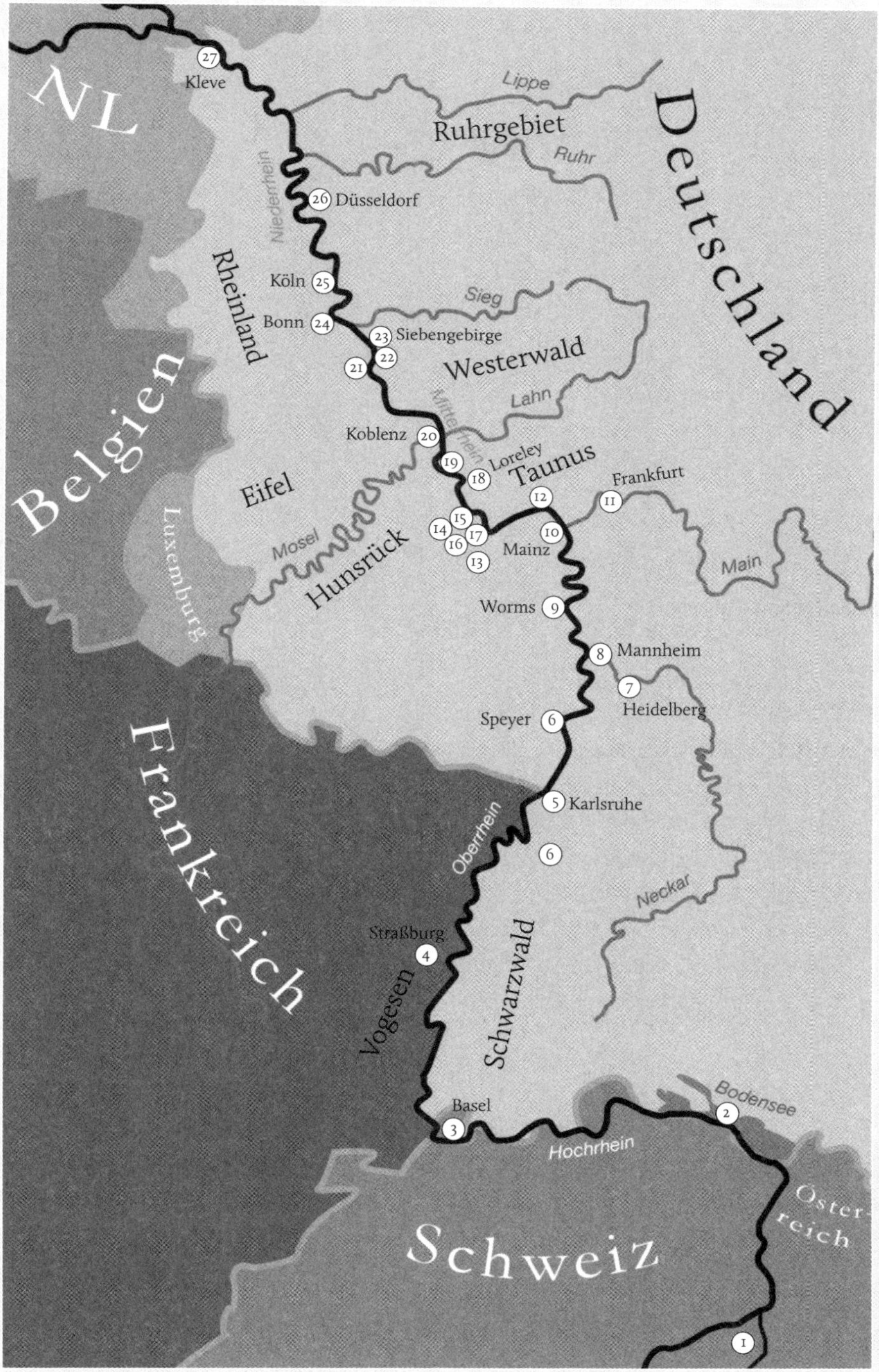
NL
Kleve
27
Lippe
Ruhrgebiet
Ruhr
Deutschland
Niederrhein
26 Düsseldorf
Rheinland
Köln 25
Sieg
Bonn 24
23 Siebengebirge
22
21
Westerwald
Belgien
Lahn
Mittelrhein
Koblenz 20
19
Loreley
18
Taunus
Eifel
Frankfurt
12
11
15
14
17
16
10
Mainz
13
Mosel
Hunsrück
Luxemburg
Main
Worms 9
8 Mannheim
7
Heidelberg
Speyer 6
Frankreich
5 Karlsruhe
Oberrhein
6
Neckar
Straßburg
4
Vogesen
Schwarzwald
Basel
3
Bodensee
2
Hochrhein
Österreich
Schweiz
1

Quellennachweis

Vorwort

CEPL-KAUFMANN, Gertrude/JOHANNING, Antje (Hg.): Mythos Rhein. Kulturgeschichte eines Stromes. Darmstadt 2003.

GRAF, Klaus: Eine »ewigfrische Blüte am Baume der Volkspoesie«? Kritisches zu heimatlichen Sagen an Rhein und Lahn (http://www.histsem.uni-freiburg.de/mertens/graf/ems.htm).

Sagenbücher (Auswahl)

ANTZ, August: Rheinlandsagen für Jugend und Volk. Neu erzählt von August Antz. Bonn 1961.

BECHSTEIN, Ludwig: Rheinsagen. Köln 1945 (Erstaufl. 1912).

HAUSBERG, Klaus-Peter: Rheinische Sagen & Geschichten. Das Begleitbuch zum Rheinischen Sagenweg mit den bekanntesten und schönsten Sagen und Geschichten von Rhein, Mosel, Lahn und Nahe. Ergänzt durch touristische Informationen. Köln 2005.

RÜTTGERS, Severin: Rheinsagen. Köln 1929.

TROG, Carl: Rheinlands Wunderhorn. Sagen Geschichten und Legenden, auch Ränke und Schwänke aus den alten Ritterburgen, Klöstern und Städten der Rheinufer und des Rheingebietes, von den Quellen bis zur Mündung des Stromes. Dem deutschen Volke gewidmet von Carl Trog. 15 Bde. Essen und Leipzig 1882-83.

~

Die Sagen

Die Autorin dankt folgenden Schriftstellern, Herausgebern und Forschern für deren Arbeiten und Inspiration:

ANTZ, August: Rheinlandsagen. Bonn 1961.
BLUNCK, Hans Friedrich: Sagen vom Rhein. Stuttgart 1957.
Hildegard von Bingen. Augsburg 1997.
HOLLERBACH, Dr. Eugen: Vater Rhein erzählt seine Sagen. Pulheim o.J.
LEHMANN, Otto: Die schönsten Sagen des Rheins. Mülheim um 1890.
RULAND, Wilhelm: Rheinisches Sagenbuch. Köln 1910.
SCHLUNDT, Rainer: Sagen aus Rheinland-Pfalz. Regensburg 2004.

Ebenfalls im Regionalia Verlag erschienen:

ISBN 978-3-95540-356-0

ISBN 978-3-939722-23-6

ISBN 978-3-939722-62-5

ISBN 978-3-95540-355-3

Jeweils 160 Seiten • 16,5 × 19,8 cm • Hardcover